わが国の英語学100年
回顧と展望

田島松二

南雲堂

まえがき

　漱石が英語英文学研究のためイギリス留学に旅立ったのは1900 (明治33) 年9月, 今からちょうど100年前のことである。その4ヶ月前の5月10日に英語の歴史を叙述した一冊の書物が刊行された。長井氏晟『英語発達史』である。(英文学史はもっと早く, 1891 (明治24) 年に刊行されている。) その1年後には, 英語音声学の出発点と目される本や, 長年にわたってわが国の英語学界に大きな影響を与えることになるデンマークの英語学者イェスペルセンの著作の一つが翻訳出版された。その後も音声学書等の刊行が相次ぐ。幕末以来行われてきた実学としての英語の研究とは明らかに異なる, 学問的あるいは本格的な英語の研究が始まったのである。このように, 20世紀初頭には, 英語の言語学的研究, つまり英語学研究は確かな一歩を踏み出していた。

　本書は, その20世紀初頭から今日まで, つまり, 20世紀最後の年である2000 (平成12) 年までの100年間に, わが国の英語学研究がたどった足跡を, 具体的な著書, 論文等を通して, 概観したものである。20世紀も終わろうとする今日, 言語研究はますます専門化, あるいは細分化の一途をたどっている。新しい世紀はもっとそうなるであろう。もはや欧米の研究の紹介, 模倣, 追随のみで事足りる時代ではなくなっている。そのようなときにこそ, わが国の先達が歩んだ道を振り返って

みる必要があるのではないだろうか。そうすることで，見えてくるものもあろうし，新しい知見や刺激が得られることもあろう。それこそ学問的成熟といえるのではないか。学問的成熟とは振り返ることのできる過去を有することなのだから。

筆者らは，先に，『わが国における英語学研究文献書誌1900－1996』（南雲堂，1998）を刊行した。そしてその序説として，96年までの研究を回顧した「わが国の英語学研究100年」と題する研究史を併せて収録した。それを土台にして，その後の97年以降2000年末までに刊行されたもの（ただし主として単行本）を加えて，大幅な増補改訂を行ったものが本書である。もとより，筆者は英語学研究史の専門家でもなければ，英語学のあらゆる分野に通じている者でもない。これから英語学を目指す人に，英語学という学問分野の広さや深さを理解してもらうこと，すぐれた先行研究の存在を知ってもらうこと，そして望むらくは何らかの道案内を与えることができればとの思いから，上記『書誌』編纂の過程で気づいたことなどを，筆者自身の反省もふくめて書きとめたものである。

今回の加筆にあたり，筆者はこの100年間に蓄積された研究文献の多くを読み返してみた。そして改めて痛感したことは，2，30年前の研究は言うまでもなく，20世紀前半のものでも，今なおその価値を失っていない研究が決して少なくないことである。悪しき業績主義とは無縁の時代の所産だからか，あるいは往時の研究者のすぐれた英語力，日本語力のしからしむるところか。それはともかく，問題は，近年の出版洪水のなかで，

あるいは相も変わらぬ欧米の研究追随の風潮のなかで，わが国のすぐれた研究がほとんど誰に読まれることもなく，かつて存在したという事実さえ忘れられていることである。本書では，そのような研究をできるだけ掘り起こすことに，心を砕いたつもりである。

このようなささやかな書でも，いろいろな方のお世話になった。本書の基になった『書誌』刊行に際し，身にあまる推薦の辞を賜った東京都立大学名誉教授の小野茂博士ならびに大阪大学教授の河上誓作博士にこの場を借りて深甚の謝意を表したい。また同書誌ははからずも第2回ゲスナー賞銀賞（雄松堂書店主催，（財）日本図書館協会協賛）受賞の栄に浴した。数ある候補作の中からご推薦下さった審査員の紀田順一郎，高宮利行，林　望の三氏にもお礼を申し上げたい。また本書執筆にあたっては，小谷耕二，横川雄二，浦田和幸，大和高行，松元浩一，末松信子といった若い方々にお世話になった。

本書にいささかでも存在意義があるとすれば，それはひとえに南雲堂編集部の原信雄氏のお陰である。氏の熱心なお勧めがなかったら，そもそも執筆すら考えなかったであろうから。南雲一範社長，営業部田本邦彦氏の多年にわたる御支援もありがたかった。記して謝意を表する。

2000年12月　　　　　　　　　　　　　　田　島　松　二

　追記——増刷にあたり，紙幅の許す範囲で誤植，誤記等の修正ならびに補筆を行った。　　　　　　　　　　2010年10月

凡　例

　本書で言及する研究文献については，わが国のものは，英文，和文を問わず，著者名はすべて和文表記する。
　単行本の場合，初出箇所で，書名に出版社と刊行年を付す。ただし，2回目以降は原則として書名のみ，もしくは刊行年のみとする。
　　〈例〉小野茂『フィロロジスト─言葉・歴史・テクスト─』（南雲堂，2000）
　　　　　宇賀治正朋, *Imperative Sentences in Early Modern English* （開拓社，1978）
　論文については，一部を除いて，著者名と刊行年のみで，題目と掲載誌名は挙げない。刊行年に関しては，言及する関係論文が1点の場合は（1928），2点の場合は（1958, 66），連載ものは（1935-36），複数年にわたって3件以上ある場合は（1953〜68），のように表記する。詳しい書誌情報については，田島松二編著『わが国における英語学研究文献書誌1900-1996』（南雲堂，1998）を参照いただきたい。
　　〈例〉市河三喜（1928）
　　　　　松浪有（1958, 66）
　　　　　大塚高信（1935-36）
　　　　　宮部菊雄（1953〜68）
　欧米の書物については，原則として書名と発行地，刊行年のみを挙げる。
　　〈例〉T. F. Mustanoja, *A Middle English Syntax* （Helsinki, 1960）

目　次

まえがき　*1*

凡例　*4*

1　わが国の英語学研究はいつ始まったか　*7*
　　―序に代えて―

2　わが国の英語学研究 100 年の歩み　*14*
　　1　20 世紀前半（1900-1950）　*15*
　　2　20 世紀後半（1951-2000）　*22*

3　分野別概観　*29*
　　1.書誌(*29*) 2.英語史(*35*) 3.英語学史(*42*) 4.総説・一般(*49*) 5.個別作家・作品の言語(*60*) 6.文字・綴り字・句読法(*68*) 7.音声学・音韻論(*72*) 8.形態論(*79*) 9.統語論(*82*) 10.語彙・語形成論(*96*) 11.地名・人名学(*106*) 12.辞書学・辞書史(*109*) 13.特殊辞典・コンコーダンス・グロッサリー(*116*) 14.意味論・語用論(*128*) 15.文体論・韻律論・修辞学(*134*) 16.語法(*145*) 17.方言学（イギリス英語）(*153*) 18.アメリカ・カナダ英語

(*159*) 19.日英語比較(*173*) 20.その他（社会言語学，コーパス言語学，オーストラリア・ニュージーランド英語，諺，本文校訂，注釈・訳注，翻訳論，ほか）(*180*)

4 回顧と展望　*198*

　人名索引　*205*

1

わが国の英語学研究はいつ始まったか
— 序に代えて —

　「英語学」が英語という個別言語の体系的,科学的研究を目的とする学問分野であるとすれば,わが国の英語学研究はいつごろ始まったのであろうか。

　わが国に最初にやってきたイギリス人はウィリアム・アダムズ,日本名三浦按針（William Adams, 1564-1620）で,1600年のことである。しかし,これが機縁で英語の研究が始まった形跡はないようである。

　わが国で英語にたいする関心が芽生えた直接の契機は,1808（文化5）年夏に長崎港で起こったイギリス軍艦フェートン号事件である。この事件に驚いた幕府は,以後,イギリスを急に意識しはじめ,それまでのオランダ語研究だけでなく英語の研究にも眼を向けるようになった。アメリカのペリーによる浦賀来航はその45年後の1853（嘉永6）年6月のことであり,明治への改元はそのまた15年後の1868年である。

　幕末から明治にかけての英語の研究は実学中心であった。つまり,研究それ自体を目的として行われたものではなくて,英

語の学習という実用的目的のためのものであり，漢学や蘭学と区別される英学である。[1] では，実用の学とは目的を異にする英語の研究はどのあたりから始まったのであろうか。

　イギリスの文学は，すでに明治も10年代の1880年前後から翻訳，翻案，部分訳といった形で，盛んに紹介されていたようである。が，真に文学として紹介され，研究されるようになったのは20年代の1890年前後からであり，坪内逍遙（1859-1935）や夏目漱石（1867-1916），上田敏（1874-1916）あたりまで待たねばならなかった。（ちなみに東京帝国大学に英文学科が発足したのは1887（明治20）年9月で，漱石の入学は1890（明治23）年，卒業は1893（明治26）年である。）その頃から英語関係の雑誌の創刊が目立つようになる。ちなみに，『英語青年』の前身『青年』（英語名 *The Rising Generation*）の創刊は1898（明治31）年4月である。また，わが国最初の英文学史である渋江保『英国文学史』（博文館）が刊行されたのは1891（明治24）年である。これは外国の本の祖述とのことであるが，実学とは無縁の文学史を出そうという社会的機運があ

---

[1] この英学の分野に関する研究の歴史は「英学史」と呼ばれ，早くからすぐれた書誌学的研究がいくつも刊行されている。代表的なものは，荒木伊兵衛『英語学書志』（創元社，1931），竹村覚『日本英学発達史』（研究社，1933），豊田實『日本英学史の研究』（岩波書店，1939；新訂版，千城書房，1963），日本の英学100年編集部編『日本の英学100年（明治・大正・昭和編）』全4巻（研究社，1968-69），大村喜吉・高梨健吉・出来成訓編『英語教育史資料』全5巻（東京法令出版，1980）などである。

ったということであろう。事実，その後の明治年間に数点の英文学史が出版されている。ひるがえって，英語学研究の方はどうか。

　明治の後期には，わが国英語教育界に齋藤時代を築いたといわれる齋藤秀三郎氏（1866-1929）が活躍していた。確かに，*Practical English Grammar* 全4巻（興文社，1898-99）など，齋藤氏の文法研究は，今日のレベルからみても英語学の先駆的研究とみなして差し支えないものもある。しかし，明治の末期から昭和初期の英語の研究を回顧した大塚高信「わが国に於ける英語学研究」（1938）は，齋藤文法を高く評価しながらも，研究方法の科学性という観点から見て，科学以前の英語学に入れている。そして，科学的英語学は，明治が大正と改元されて間もない1912年9月20日に刊行された市河三喜氏（1886-1970）の『英文法研究』（研究社）から始まったと結論している。[2] 以後，今日に至るまでこの1912年という年代が広く受け入れられ，定着している。その根拠を今一度ここで確認しておきたいと思う。

　『英文法研究』はもともと前年から『英語青年』に寄稿したものを増補修正し，さらに一部新稿を加えたものである。著者自身が認めているように，オランダのStoffel（1845-1908）や

---

[2] 大塚氏の当論文は，後に『英語学論考』（研究社，1949）収録にあたり，「本邦英語学小史」と改題されている。そのp. 280参照。齋藤秀三郎氏の評価については同書，pp. 284-88が特に参考になる。

デンマークの Jespersen (1860-1943)、ノルウェーの Storm (1836-1920) らヨーロッパの先学に負うところ少なくない論文集であるが、随所に著者自身の観察や分析が見られる。その序文の中で、市河氏は

> 英語に於ける種々の現象を総て其侭言語上の事実として受け容れ、之を公平に観察し、如何にして斯ういう言ひ方が生じたかを、或は歴史的に上代に遡って、或は他の國語との比較研究により、或は心理学的の立場からして、不完全ながらも説明を試みて見度いと云ふのが本書の趣旨である
> [1912年刊の初版本より]

と述べている。つまり言語現象をありのままに受け入れ、それがそうである理由を英語そのものの歴史に照らしたり、他の言語と比較したり、心理学的立場から説明しようとする態度である。この学問姿勢こそ、明治時代の規範文法中心の英語の研究とは一線を画した、英語の言語学的研究であり、実証的歴史的研究方法の表明である。いわば、科学的な英文法研究のまごうことなき出発点、独立宣言とも言うべきものである。「英語学」という言葉こそ使用されていないが、20代半ばの市河氏によって、わが国では前人未踏の地平が切り開かれたのである。

わが国の英語学が英文法研究を中心に展開してきたことを考えると、市河氏の『英文法研究』の出版年をもって、わが国に

科学的,体系的な英語学が誕生したとすることに問題はなさそうである。しかしその記念碑的著作はもちろん一夜にして成ったわけではない。上述したように,前年の1911年から12年にかけて『英語青年』に寄稿したものを一冊にまとめたものである。そして,その種子は当然もっと前に播かれたわけである。市河氏の恩師 John Lawrence 博士 (1850-1916) が東京帝国大学に招聘され,西欧流の英語学を講じ始めたのは1906(明治39)年のことであり,市河氏入学の年である。しかし,それ以前に,幕末以来の英学とは趣を異にした英語の言語学的研究は芽生えていた。

　ことの当否はともかく,わが国で行われる研究活動が昔も今も啓蒙的な側面を多分に有することは紛れもない事実である。市河氏の『英文法研究』でさえ,見方によってはその例とみなすこともできる。そのように考えると,欧米の業績を参考にした啓蒙書は実はもっと早く出現している。まず,1886(明治19)年に刊行された菊池武信著述『英語発音秘訣』(東京出版) がある。豊田實『日本英学史の研究』(岩波書店,1939) によれば,多少とも系統立った本邦初の英語音声学書とのことであるが,本格的なものではないようである。(筆者は未見。) 時代は少し下り,1900(明治33)年には長井氏最『英語発達史』(河合文港堂) が刊行されている。当然のことながら,全面的に欧米の関係文献に依存したものではあるが,間違いなく,わ

が国最初の英語史概説書である。[3] その翌年，つまり 1901（明治 34）年には，日本の英語学が長きに渡って大きな影響を受けることになる Otto Jespersen の著作のひとつ，*Progress in Language with Special Reference to English*（London, 1894）が，新村出述『イェスペルセン氏言語進歩論』（東京専門学校出版部）として訳述紹介されている。同じく 1901（明治 34）年には，欧米の専門学者の業績を参考にした岡倉由三郎『発音学講話』（宝永館書店）が刊行されている。同書の主眼は日本語の音声の説明であるが，英語発音学の科学的・組織的な出発点とする向きもある。[4] その後も片山寛ほか『英語発音学』（上田屋書店, 1902），岡倉由三郎『英語発音学大綱』（三省堂, 1906）といった音声学関係の重要な著書が相次いで刊行され，さらに 1910（明治 43）年には栗原基『英語発達史』（博文館）が出版されている。当然時代的制約はまぬがれ得ないが，いずれもすぐれた啓蒙書である。今日でも，わが国の研究活動の重要な一部が欧米の諸文献の翻訳・紹介・解説などといった啓蒙的なものであることを考えると，これらの著作はそのような範疇に入るであろう。市河氏の『英文法研究』(1912) 以前にこ

---

[3] 同書は英学史関係者の間でも見落とされていたようで，筆者が知る限り，豊田實『日本英学史の研究（新訂版）』（千城書房, 1963）所収の「日本英学史筑紫文庫目録」(p. 576) に記録されているだけである。
[4] 『日本の英学 100 年 明治編』, pp. 284-85 及び『英語教育資料 第 5 巻 英語教育事典・年表』, p. 172 参照。

れだけのものが刊行されているのである。

　こう見てくると，いわゆる学問的あるいは本格的な研究書の出現は1912年であったとしても，欧米流英語学の受容は，『英文法研究』より少なくとも10数年前には始まっていた。言い換えれば，欧米における英語研究のあり方が，わが国でも学問的な方法として自覚され，またある程度の確立を見ていたと考えてよさそうである。敢えてその年代を特定するとすれば，実用とは無縁の英語史概説書が刊行された1900（明治33）年あたりを，わが国の英語学研究の始まりとしても，あながち的外れとは言えないであろう。それからちょうど一世紀が経過したことになる。

2

わが国の英語学研究100年の歩み[5]

　本章では，1900（明治33）年を出発点として，それ以降今日まで，つまり2000年までの100年間に，わが国の英語学研究がたどった歩みを大急ぎで概観するが，便宜上，1950（昭和25）年を一つの区切りとして，前半と後半の二期に分けて筆を進めてゆくことにする。1945（昭和20）年に太平洋戦争が終わり，1949（昭和24）年には新制大学が発足，第1回ガリオア留学生50名がアメリカへ出発している。50年頃を境に研究者数も関係文献数も大幅に増加し，英語学研究が質量ともに変

---

[5] この100年を概観するにあたり，とりわけ，前半の英語学研究に関しては一々明記しないが，先学の研究に負うところが少くない。大塚高信「わが国に於ける英語学研究」(1938)及び「わが国英語学の歩み」(1954)，豊田實『日本英学史の研究』(研究社, 1939)，山本忠雄 "English Philology in Japan" (1956)，桝井迪夫「日本の英語学」(1959)，太田朗 "The Study of English in Japan" (1967)，安井稔「[日本の]英語学研究」(1969, 1974)，日本の英学100年編集部編『日本の英学100年（明治・大正・昭和編）』全4巻（研究社, 1968-69)，大村喜吉・高梨健吉・出来成訓編『英語教育史資料　第5巻　英語教育事典・年表』(東京法令出版, 1980) 等である。特に，大塚高信氏の2つの論考には教えられるところ大であった。

化を見せはじめるからである。

2.1 20世紀前半（1900［明治33］-1950［昭和25］）

　19世紀が終わり20世紀が始まろうとする1900（明治33）年には，長井氏聶『英語発達史』（河合文港堂）が，1901（明治34）年には岡倉由三郎『発音学講話』（宝永館書店）や，Otto Jespersen, *Progress in Language*（London, 1894）の訳述ともいうべき新村出述『イェスペルセン氏言語進歩論』（東京専門学校出版部）が刊行され，1902（明治35）年にはR. B. マッケロー・片山寛『英語発音学』（上田屋書店），1906（明治39）年には岡倉由三郎編『英語発音学大綱』（三省堂）等が刊行された。

　幕末以来行われてきた実学中心の英学とも，また1890（明治23）年前後から見られるようになった英文学研究とも異なる，欧米流英語学研究の本格的な摂取，紹介が始まったのである。しかし前章でも述べたように，わが国の英語学研究は，明治が大正と改元されて間もない1912年9月20日に刊行された市河三喜『英文法研究』（研究社）をもって始まりとする考えが定着している。啓蒙・紹介のレベルを超えた実証的，歴史的研究の始まりということになれば，全くその通りである。そのような言語研究の方法を，言語学科の学生であった市河氏に直接教えたのが，1906（明治39）年東京帝国大学文科大学教師

として招聘され，英語学，英文学を講じた英国人John Lawrenceであった。教え子の中には，市河氏のほかにも，後年英語学・言語学の分野ですぐれた仕事をすることになる神保格（言語理論），八木又三（文法研究），千葉勉（実験音声学），豊田實（英学史や音声学），土居光知（韻律論），渡邊半次郎（辞書学）氏らがいた。そのうち豊田，土居両氏はむしろ英文学者としての令名が高い方々である。文学方面の門下生には，ほかに佐藤清，斎藤勇，沢村寅二郎氏らがいた。Lawrenceがいかにすぐれた教育者であったかを如実に物語るものであろう。

　市河氏は『英文法研究』刊行直後の1912（大正元）年10月に英国留学，1916（大正5）年1月に帰国，2月には，病没したLawrenceの後任として東京帝国大学助教授に就任，日本人として最初の講座担当者となった。20（大正9）年教授。以後1946（昭和21）年の定年退官まで30年にわたって英文科で教育・研究にあたる。1923年 *On the Language of the Poetry of Robert Browning*（未刊）で文学博士。1925年帝国学士院会員。その間，1929（昭和4）年設立の日本英文学会初代会長，1931（昭和6）年創設のシェイクスピア協会初代会長等を歴任。大正から昭和の前半にかけて，名実ともに英語英文学界の最高指導者であった。著作は先の『英文法研究』のほかに，『古代中世英語初歩』（研究社，1935），『英語学―研究と文献』（三省堂，1936），『聖書の英語』（研究社，1937）等から

ChaucerやShakespeare等の注解書まで，論文も文法・語法研究から人名研究，辞書学等に至るまで，今日の英語学が扱う大半の分野にわたっている。SweetやJespersenらの学風を根底とした，実証的でフィロロジカルなヨーロッパ流英語学の礎石をほとんど独力で築いたのである。また市河氏は後述する各種辞典や叢書の編集にもあたり，それらの仕事を通してわが国英語学の発展に尽力するとともに，多くの研究者を育成したことでも知られている。

　市河氏と相前後して，しかしロレンス門下の市河氏らの学風とはまた別に，わが国の英語学の発展に寄与した人に岡倉由三郎氏（1868-1936）と細江逸記氏（1884-1947）がいる。岡倉氏は言語学，音声学，英語教育の分野で活躍し，先にふれた『発音学講話』（1901）及び『英語発音学大綱』（1906），さらには『英語小発音学』（研究社，1922）等を著し，『研究社新英和大辞典』（研究社，1927）を編集し，市河三喜氏とともに〈研究社英文学叢書〉の主幹も務め，自らもそのうちの10数巻を担当した。

　もうひとりの細江氏は，本邦初の体系的統語論として知られる『英文法汎論』（文会堂書店，1917）をはじめ，『動詞時制の研究』（泰文堂，1932），『動詞叙法の研究』（泰文堂，1933），『ヂョーヂ・エリオットの作品に用ひられたる英国中部地方言の研究』（泰文堂，1935），『精説英文法汎論』（泰文堂，1942）など，今なおその価値を失っていない著書，さらにはSpenser, Shakespeare などの注解書を残している。早くから言語研究における方言の重要性に着目したことや理論を支える実証を重んじたことは特筆されてよい。大正から昭和の前半における最もすぐれた英語学者のひとりであった。

　わが国の英語学研究は，大正時代の準備期間を経て昭和に入り，文字通り本格的なものになったと言ってよい。市河氏とその門下生を中心とした活発な研究活動は，今日の水準から見ても瞠目に値する。英文学の古典に注解を施した全100巻からなる岡倉由三郎・市河三喜主幹〈英文学叢書〉(研究社，1921-32)，海外文献の翻訳紹介を意図した市河三喜編〈英語学パンフレット〉(研究社，1933-40)，当時はもちろん比較的最近まで世界に類を見ないものであった市河三喜編『英語学辞典』(研究社，1940)，また英語英文学刊行会の〈英語英文学講座〉(新英米文学社，1933-34)，〈研究社英語教育叢書〉(1935-37)，〈研究社英米文学語学講座〉(1940-44) 等の講座や叢書類，さらには『英語青年』(1898-)，『英文学研究』(1919-)，『英語の研究と教授』(1932-41) 等の雑誌や学会誌に掲載された英語学関係の論文が，広く一般の英語学徒を益したことは言うまでもない。加えて，これらの講座，辞典，叢書等がその執筆者たちを大きく育てたことも広く知られるところである。大塚高信 (文法論)，岩崎民平 (辞書編集と原典注釈)，中島文雄 (意味論)，佐々木達 (詩の言語と文体論)，山本忠雄 (文体論) といった市河門下の方々である。各人の業績についてはそれぞれの

2.1 20世紀前半（1900［明治33］-1950［昭和25］）

分野で紹介するので，ここでは大塚，中島両氏にのみ簡単にふれる。

　1941（昭和16）年12月に始まった日米戦争等の影響もあって，わが国の英語学は一時停滞を余儀なくされたが，中断されることはなかった。それまで最も影響を及ぼした欧米の研究者は，文法・言語理論ではO. Jespersen（1860-1943）を筆頭に，H. Sweet（1845-1912），C. T. Onions（1873-1965），G. O. Curme（1860-1948），H. Poutsma（1856-1937），E. Kruisinga（1875-1944），M. Deutschbein（1876-1949）らであり，音声学ではDaniel Jones（1881-1967）であった。これら海外文献の批判，紹介に最も尽力したのは大塚高信氏（1897-1979）である。氏の活動は戦前戦後を通じて40年余りに及び，わが国の英語学研究史に残る卓越した業績は，文法理論，実践研究，英語学史，本文校訂，英語教育，各種辞典・叢書の編集等々ほとんど全分野にわたる。理論と実践の書『英文法論考』（研究社，1938）を初めとして，英語学研究の方法と内外の研究史を扱った『英語学論考』（研究社，1949），現代英語と関連づけて論じられた『シェイクスピア及聖書の英語』（研究社，1951）など数々の著書・論文に加えて，『新英文法辞典』（三省堂，1959），『英語慣用法辞典』（三省堂，1961），『英語諺辞典』（三省堂，1976）等の編集から，海外の文法学者を紹介した〈不死鳥英文法ライブラリ〉（南雲堂，1963-71），英文法史研究の貴重な基礎資料である〈英語文献翻刻シリーズ〉（南雲堂，1967-71）の

監修等々に及ぶ。先駆者としての市河氏の学風を継承・発展させた功績はまさに偉業と言うべきであろう。

その大塚氏とともに，昭和の英語学界で指導的役割を果たしたのは中島文雄氏（1904-1999）である。『英語学とは何か』（刀江書院，1932；講談社学術文庫，1991）で，19世紀後半のドイツで行われたフィロロギー（Philologie）を紹介し，そこから英語学研究の方法を考察した後，ブレンターノ（F. Brentano, 1838-1917），マルティ（A. Marty, 1847-1914）らの研究を基盤とした『意味論』（研究社，1939），意味論から文法の原理を考察した『文法の原理』（研究社，1949）等で独自の意味論，文法論を展開，それまでわが国では未開拓であった意味論研究を大きく進展させた。ほかにも『英語の常識』（研究社，1944，1953²），『英語発達史』（岩波書店，1951，1972²）等の著書に加えて，英文学書の注解者，各種辞典・叢書等の編集者，監修者としても活躍。早くから一貫して英語学という学問の理論化，体系化を目指した希有なる研究者であった。

後世に影響を与えた点において忘れてならないのは，慶応義塾大学の西脇順三郎(1894-1982)，厨川文夫（1907-78）の両氏である。Oxford で中世英語英文学を学んだ西脇氏が，語学と文学を切り離さない Oxford のフィロロジーの学風を伝えたのが厨川氏である。その厨川氏の『古代英語』（新英米文学社，1933）や『中世英語』（英語英文学刊行会，1934），西脇氏との共著『古代英語文法』（文修堂，1935）は，市河三喜『古代中

世英語初歩』（研究社，1935）とともに，この方面の最も初期の入門書である。わが国でもようやく古・中英語への関心が高まりつつあったことを物語る貴重な証左である。また厨川氏には，中世英語英文学を志す者にとって必読書ともいうべき『中世の英文学と英語』（研究社，1951）という名著もある。四半世紀後の松浪有「中世英文学」（『講座英米文学史　詩I』大修館書店，1977）の出現まで，事実上唯一の中世英語英文学の研究書であり案内書であった。（この西脇，厨川両氏によって築かれた慶応大学の中世英語英文学の伝統，フィロロジカルな学風は今も健在であり，高宮利行，松田隆美氏らに発展的に継承されている。）

　大正末から昭和にかけて，わが国の英語学界で独自の活躍をした人に斎藤静氏（1891-1970）もいる。『英語青年』等に寄稿した数々の論文のほかに，個人研究誌『英語学研究』（1932-42）を38号まで出し，未完ではあるが「全訳メッツナー大英文典」をはじめ，ドイツや北欧の研究論文10数篇を翻訳・紹介している。そのうち，後年改訂出版されたものに，アロンシュタイン『アメリカ語の研究』（篠崎書林，1954），トルンカ『動詞文章法史的概論』（篠崎書林，1956），ベーグホルム『前置詞研究法』（篠崎書林，1957）などがある。

　以上，20世紀前半は市河三喜氏らロレンス博士の門下生と，さらには市河氏の門下生を中心とした一部エリートによる，西欧流英語学の摂取と紹介の時期であったと概括できるであろ

う。それは，今日の英語学が扱うほとんど全分野に及び，主として日本人による日本人のための研究・教育活動であった。その一方で，本格的な研究も出現している。中心は英文法研究であり，その方法はあくまでも実証的なものであった。また中英語期以降の主要な英文学の注解作業も盛んに行われた。英語をより正確に読み，理解するための研究であり，ヨーロッパ流のフィロロジカルな研究であったと言えるであろう。それが，1941-45年の太平洋戦争，そしてその後の日米関係の急激な変化で，20世紀後半の英語学は大転換を経験することになる。

2.2　20世紀後半（1951［昭和26］-2000［平成12］）

　戦前の英語学の大事業が市河三喜編『英語学辞典』（1940）の刊行であったとすれば，戦後の新しい活動として最も注目すべきは英文法の全領域をカバーした大塚高信・岩崎民平・中島文雄監修〈英文法シリーズ〉全26巻（研究社，1954-55）であり，アメリカ英語やアメリカ構造言語学にも配慮した大塚高信編『新英文法辞典』（三省堂，1959）の刊行である。両企画ともに，今世紀中頃までの欧米における英文法研究の成果を集大成したものであり，随所に歴史的な解説・記述も含まれている。10年後刊行された『新英文法辞典』の改訂増補版（三省堂，1970）では，さらにその後の変形生成文法やロンドン学派の言語学など，新言語学に属する項目も多数追加されている。

わが国の英語英文学界に広く受け入れられ，今なお利用されている。また，戦前の〈英語学パンフレット〉と同じように，両企画の執筆に参加した若手はそれぞれ第一線の研究者に成長していったこともよく知られている。

　時代が前後するが，50年に刊行を開始した〈新英米文学語学講座〉（研究社，1950-59）は，予定された24巻のうち14巻を出しただけで中断された。が，その刊行分に，先にふれた厨川文夫『中世の英文学と英語』(1951) をはじめ，豊田實『アメリカ英語とその文体』(1951)，山本忠雄『ディッケンズの英語』(1951)，中島文雄『近代英語とその文体』(1953)，佐々木達『近代英詩の表現』(1955) というきわめて重要な書目が含まれていたことは幸いであった。同じ頃，戦前の〈英語学パンフレット〉を発展拡充した大塚高信・岩崎民平・中島文雄監修〈英語学ライブラリー〉（研究社，1957-81）が刊行を開始した。さらには大塚・岩崎・中島監修〈現代英文法講座〉全11巻（研究社，1957-59），表現文法を意図した大塚高信監修〈英語の語法〉全12巻（研究社，1964-66），海外の文法家を紹介した石橋幸太郎・大塚高信・中島文雄監修〈不死鳥英文法ライブラリ〉全15巻（南雲堂，1963-71），英文法史研究の基礎資料である大塚高信編〈英語文献翻刻シリーズ〉全21巻（南雲堂，1967-71）等も刊行された。

　その後の大事業には，石橋幸太郎編集主幹『現代英語学辞典』（成美堂，1973），大塚高信・中島文雄監修『新英語学辞

典』(研究社, 1982), 松浪有・池上嘉彦・今井邦彦編『大修館英語学事典』(大修館書店, 1983), 荒木一雄・安井稔編『現代英文法辞典』(三省堂, 1992) がある。また, 英語史から音韻, 文法論, 意味論, 学説史, 語彙, 関連分野に至るまで, 英語学の主要な分野にわたって内外の膨大な業績の集大成を試みた太田朗編〈英語学大系〉全 16 巻（大修館書店, 1971-90）, 意味論に重点をおいた荒木一雄監修〈講座・学校英文法の基礎〉全 8 巻（研究社, 1982-85）といった重要な叢書もある。そのうち, 『新英語学辞典』は, 戦前の市河三喜編『英語学辞典』を, 戦後の言語学研究の進展に対応すべく全面改定したものである。英語の書名が *The Kenkyusha Dictionary of English Linguistics and Philology* となり, 旧辞典になかった *Linguistics* が加わっている。このことは, わが国の英語学研究の発展というよりは, わが国で英語学と称される分野の変化を反映するものであろう。また『現代英文法辞典』は, 先にふれた大塚高信編『新英文法辞典』(1970^2) の補完を意図したもので, その後の内外の理論研究が蓄積した新知見を集大成したものである。実際, ここには 20 世紀の英語学, 英文法研究のすべてが凝縮されている。このように, 戦前の伝統文法を集大成した『英語学辞典』は, 一方では『新英文法辞典』に, そしてさらに『現代英文法辞典』へと発展し, もう一方では『新英語学辞典』に発展したことになる。時代の要請に応えたみごとな学問の継承と言うべきであろう。

戦後の日米関係の激変により，あらゆる分野でアメリカへの関心が増大する。英語学という分野に限っても，多くの若手研究者のアメリカ留学が実現したこともあって，40年代，50年代に最盛期にあったアメリカ構造言語学が，徐々にわが国の英語学界に影響を及ぼし始める。50年代半ばのことである。とりわけアメリカ構造言語学と，英語教育に対するその応用を紹介する目的で編集された石橋幸太郎・中島文雄・黒田巍監修〈英語教育シリーズ〉全21巻（1957-63）の果たした役割は大きい。その影響の一つとして挙げられるのは，従来の文法研究に加えて，音韻面の研究が盛んになったことである。しかし元々アメリカ・インディアンの言語の記述から始まった構造言語学も，音素論や形態論では注目すべき成果を上げたが，統語論や意味論では行き詰まり，60年代に入ると，アメリカでも次第に変形生成文法に取って代わられる。言語の本質の解明を目指す変形生成文法は，60年代半ば頃からわが国の英語学界を席巻し始め，以後英語学研究のあり方をほとんど一変させてしまった。目まぐるしい理論の展開もあって，門外漢には遠い存在になって久しい。

　戦前の伝統的英語学に対して，戦後の50年代，60年代に導入された構造言語学，変形生成文法等のいわゆる新言語学をわが国に紹介し，その水準向上に貢献したのは，戦前の東京高等師範学校や東京文理科大学において大塚高信氏らから伝統的な英語学を学んだ太田朗，荒木一雄，安井稔氏らである。つまり

フィロロジーの素養に立って理論研究を推進した方々であるという点が，今日の理論一辺倒の研究者と大きく違うところである。このことは，特に強調しておくべき事実であるように思われる。先にふれた大塚高信編『新英文法辞典』，石橋幸太郎編集主幹『現代英語学辞典』，大塚高信・中島文雄監修『新英語学辞典』，松浪有ほか編『大修館英語学事典』，太田朗監修〈英語学体系〉の一部は新言語学の成果を反映したものであり，荒木一雄・安井稔編『現代英文法辞典』は全面的にそれを取り入れたものである。なお，（変形）生成文法等の新しい言語理論を基礎とした叢書に，荒木一雄・長谷川欣佑・安井稔編〈現代の英文法〉全12巻（研究社，1976-2001）がある。これにもう1点，近年の英語学・言語学の理論研究の集大成を目指した新叢書〈英語学モノグラフシリーズ〉全21巻（研究社，2000-）が2000年末に刊行を開始した。

　高度のレベルの言語知識，言語直感を必要とする最近の理論研究において，わが国の研究者が日本語の研究あるいは日英語の対照研究に向かうのは自然のことであろう。この傾向は80年頃から目立ち始め，その成果は国広哲弥編〈日英語比較講座〉全5巻（大修館書店，1980-82），中右実編〈日英語比較選書〉全10巻（研究社，1997-98），柴谷方良・西光義弘・影山太郎編〈日英語対照研究シリーズ〉（くろしお出版，1992-）等に結実している。

　これら20世紀後半に続々と刊行された叢書，辞典・事典等

が，急増した研究者の質的，量的変化に的確に対応したものであり，その水準向上に果たした役割がきわめて大きなものであったことは今更言うまでもない。

　外国文献の翻訳，紹介に至っては枚挙にいとまがない。翻訳紹介等の役割が想像もできないくらい大きかった20世紀前半と違って，海外研修や文献入手も容易な今日では，翻訳紹介といった啓蒙的な活動が持つ意義もおのずと変わってきている。ドイツ語やフランス語あるいは北欧語等が簡単に読めない世代の研究者にとっては有益な訳書もないではないが，特段有用とも思えない翻訳が実に多いのもこの後半の特徴である。

　20世紀後半を概括すれば，市河，大塚氏らに代表される伝統的な研究は細々とした形でしか継承されず，50年代には構造言語学，60年代後半からは（変形）生成文法等の理論研究がわが国の英語学界の大勢を占めるに至っている。誤解を恐れずに言えば，欧米，とりわけ米国における言語理論研究の流行変遷史そのものであった。そのような風潮の中にあって，着実で歴史的評価に耐える成果，場合によっては，真に国際的貢献といってもよい成果を上げているのは，ほとんどが伝統的，実証的研究である。この方面を中心に，50年代以降すぐれた業績を上げた方々を，思いつくままに列挙すると，英語史では宮部菊男，松浪有，山川喜久男，寺澤芳雄，小野茂，チョーサー学の桝井迪夫，初期近代英語の安藤貞雄，宇賀治正朋，音声学の竹林滋，枡矢好弘，音韻論・音韻史の荒木一雄，中尾俊夫，

アメリカ英語の尾上政次，語法や黒人英語の小西友七，文法論・意味論・語用論等の毛利可信，太田朗，安井稔，大江三郎，池上嘉彦，文体論の山口秀夫，英語学史・英文法史・辞書発達史の林哲郎，小島義郎，永嶋大典，渡部昇一，方言学の廣岡英雄氏らである。多方面にわたって多士済々である。これらの方々が独自の研究，あるいは啓蒙的な仕事を通して，わが国における英語学の発展に寄与されたことは万人の認めるところであろう。今日，各分野で活躍している研究者は何らかの意味で上記の方々の教えを受けたものであるが，それについては以下の各論に譲ろう。

3

分野別概観

3.1 書　誌

　どの分野の研究であれ，過去の業績を知ることは必要不可欠であり，その関連文献書誌がいかに重要であるかは多言を要しない。問題の所在を的確に知り，研究上の重複や無駄を省くためにも，書誌は研究に携わるものがまず参照すべき基礎資料である。欧米においては，長いフィロロジー研究の伝統のもとに，包括的なものから，分野，時代を限定した個別的なものまで，種々の書誌が刊行されている。わが国ではどうか。

　まず包括的な書誌から見てゆく。国の内外を問わず，英語学の分野で最も包括的，網羅的な書誌といえば，70年以上も前に刊行された A. G. Kennedy, *A Bibliography of Writings on the English Language from the Beginnings of Printing to the End of 1922* (Cambridge, MA, 1927；以下，Kennedy, *Bibliography*) に尽きる。15世紀末から1922年末までに公刊され

た研究文献 13,402 点と関連書評を収録したものである。この真に記念碑的書誌を凌駕するものは現在に至るまで編纂されていない。わが国で,書誌らしきものとして最も初期のものは,欧米の主要な文献の簡単な紹介であった。今日と違って,海外の書物や論文はもちろん,研究動向の情報すら入手が容易でなかった時代である。そのようなものに,1920(大正9)年と1929(昭和4)年の2回にわたって『英文学研究』に掲載された市河三喜「英語学参考書目」がある。多少とも本格的な書誌の出現は,戦後数年して刊行された山口秀夫編『英語学文献総覧』(篠崎書林,1952)からである。60年代に入ると,大泉昭夫編,*A Classified Bibliography of Writings on English Philology and Medieval English Literature*(南雲堂,1966,1968^2)が刊行された。興味深いことに,両書誌とも,英文書名の副題には個人所蔵の文献に基づく旨明記されている。海外の文献入手が困難で,所有していること自体が財産であった時代を反映したものではあるが,刊行当時にあっては貴重な情報源であったろう。なお山口氏にはドイツ語圏最古の英語英文学研究誌 *Anglia* の第1巻(1878)から第45巻(1921)に関する書誌 *A Reader's Guide to 'Anglia'*(篠崎書林,1966)もあり,第Ⅰ部「英語学論文」は659の文献の類別,解題である。

　80年代後半から90年代前半にかけては,欧米の研究者を視野に入れた書誌が2点刊行されている。ひとつは田島松二編,*Old and Middle English Language Studies: A Classified*

Bibliography 1923-1985（Amsterdam & Philadelphia: John Benjamins, 1988）であり，もう一つはDavid Burnley & 田島松二, *The Language of Middle English Literature*（Annotated Bibliographies of Old and Middle English Literature, 1）（Cambridge：D. S. Brewer, 1994）である。前者は1923年から1985年の間に刊行された英語史及び古英語，中英語に関する研究文献（著書，論文等）と書評を収録したもので，部分的に前記Kennedy, *Bibliography*（1927）との継続性を意図したものである。わが国の英文文献を一部含む，約4,000の文献を類別，収録している。後者は1890年ごろから1990年の100年間に発表された中英語文学の言語・文体研究に関する文献解題書誌である。「序説」はこの分野の研究史ともいうべきもので，残された課題も示唆してくれる。邦語文献も多数含まれており，従来海外に知られることのなかったわが国の中英語研究が，広く海外に紹介された意義は大きいと言えるであろう。

　90年代後半には，わが国の研究者を対象とした新たな書誌の刊行が始まった。英語学・言語学全般にわたる文献解題（第I部）と文献目録（第II部）を併せ収録する寺澤芳雄監修〈英語学文献解題〉全9巻（研究社，1997-）である。これまで大泉昭夫編『英語史・歴史英語学』(1997)，下宮忠雄編『言語学I』(1998)，島岡丘・枡矢好弘・原口庄輔『音声学・音韻論』(1999)，唐須教光編『言語学II』(2000)の4巻が出版されている。大泉氏の書誌は古英語・中英語・初期近代英語を対象と

したもので，104点の文献解題と，1995年までに刊行された単行本および論文集約 1,950点（そのうち邦語文献は 180点）の文献目録から成る。島岡氏らのものは「音声学と音韻論」と「生成音韻論」に大別され，前者が 65点の文献解題と 808点の文献目録，後者が 76点の文献解題と 739点の文献目録から成る。初学者向けの書誌とはいえ，原則として論文が除外されていることはその有用性を半減させており，きわめて残念である。もっとも，めまぐるしく変化する「生成音韻論」は学問の性質上からか，ほとんどが論文から成り，しかも未刊行論文も多く含むなど，「音声学・音韻論」とは著しくバランスを欠いた構成になっている。

　以上はすべて，基本的には欧米の研究文献を収録した書誌である。では，わが国の研究文献についてはどうか。早いものでは，50年代に『英語青年』誌に，60年代以降は（時折の中断はあるが）『英語年鑑』（研究社）に収録されている年度毎の「研究業績一覧」がある。もちろん本格的な書誌を意図したものではない。ほかに，1960年頃までの近代英語研究を海外に紹介したものに，山口秀夫氏が，G. Scheurweghs, *Analytical Bibliography of Writings on Modern English Morphology and Syntax 1877-1960*, Vols. I & II（Louvain, 1963-65）に寄稿したものがある。また古英語，中英語研究に関しては，「中世イギリス研究資料センター」（東京大学）の刊行物である『中世英語英文学研究業績リスト』（1975, 1979, 1983）や *A Bib-*

liography of Publications on Medieval English Language and Literature in Japan（1986，1988，1990，1994）がある。貴重な書誌ではあるが，大半は自己申告によるものであり，当然のことながら分野も限定されている。わが国に欧米流の英語学が紹介されてほぼ一世紀，その間，膨大な研究の蓄積がありながら，それらを網羅した包括的な書誌は存在しなかった。それが，20世紀も終わり近くになってようやく出現した。田島松二（責任編集）『わが国における英語学研究文献書誌 1900-1996』（南雲堂，1998）である。英語学という学問の受容が始まった20世紀初頭から1996年までのほぼ100年間に公刊された文献のうち，実物を確認できた著訳書，論文等11,276点を，分野別，時代別に分類し，著訳者の50音順に配列した書誌である。

　個別的な特殊書誌としては，チョーサーに関する大泉昭夫編，*A Bibliography of Writings on Chaucer's English*（Hildesheim: Olms-Weidmann, 1995）と，変形生成文法の提唱者チョムスキーの全著述（政治社会関係の発言も含む）を収録したE. F. K. Koerner & 田島松二編，*Noam Chomsky: A Personal Bibliography 1951-1986*（Amsterdam & Philadelphia：John Benjamins, 1986）がある。紀要等に発表されたものとしては，古英詩 *Beowulf* に関する久保内端郎ほか（1987，90），中英語の詩の統語法に関する田尻雅士（1990），辞書学に関する南出康世（1996）などがある。これらは主として海外の文献を記録

したものである。ただし，江澤哲也（1983）はわが国で行われた Shakespeare の言語研究に関する書誌である。

　理論的研究はともかく，地道で時間と労力のかかる伝統的，実証的研究においても，わが国には不必要な重複や無駄があまりにも多い。ひとつには本格的な書誌が存在しなかったこと，もうひとつには書誌そのものにたいする認識が低かったことによるのではないだろうか。欧米には，古くからすぐれた書誌がいくつも存在しているし，現在も続々と刊行されている。米国の *MLA Bibliography*（1922-）や英国の *Annual Bibliography of English Language and Literature*（1921-）のように，年度毎の文献書誌を提供する刊行物すらある。各分野の研究動向と成果が絶えず把握できるシステムができあがっているのである。大学図書館や研究所等の参考図書室にはありとあらゆる書誌が完備されており，大学院レベルで「書誌と研究方法論」（Bibliography and Methodology）といった科目を必須にしているところも多い。将来研究者の道をめざす学徒に研究の基本を教えこもうというわけである。自分の行っている研究状況を正しく把握することこそ研究の出発点であることを考えると，わが国で望まれることは何よりも既存の各種書誌の活用であろう。

　書誌編纂が該博な知識，膨大な時間，労力を要する仕事であることを考えると，この分野で目指すべきは，屋上屋を架することになりかねない欧米の研究文献に関する新たな書誌ではな

い。明確にわが国の初学者，若手研究者を対象とした書誌であるとか，専門家向けでも，分野，時代等を特化した書誌の編纂であろう。欧米やわが国で欠落している書誌，例えば，近年ヨーロッパ諸国で研究が活発な近代英語や辞書学・辞書史といった分野，さらには日英語比較対照研究などに関する書誌の編纂は急務ではなかろうか。最近のものでは，ドイツを代表する英語学者 Manfred Görlach が編集した，19世紀の英文法書に関する書誌 *An Annotated Bibliography of 19th-Century Grammars of English*（Amsterdam & Philadelphia: John Benjamins, 1998）が，真にすぐれた書誌とはどういうものかを教えてくれる。

3.2　英語史

　わが国にいわゆる英語英文学なる学問分野が導入されて以来，伝統的な英文科では英文学史と英語史は長いあいだ主要な基礎科目として教えられてきた。そのためか，早くから英語史の教科書，啓蒙書が刊行されている。欧米で刊行された「英語史」（以下，「英語史」は英語史を叙述した書物の意）も主要なものはほとんど翻訳されている。以下，それらの著訳書を概観する。

　欧米では，すでに19世紀に英語史の概要を述べた単行本が出現している。先の Kennedy, *Bibliography*（1927）が収録し

ている初期の文献のうち，英語で書かれた主なものを列挙すると，Rolt Chambers（1836），Joseph Bosworth（1848），Richard C. Trench（1855），T. R. Lounsbury（1879, 1894），J. C. Wright（1881），Walter H. Low（1887），O. F. Emerson（1896），Henry Bradley（1904），Otto Jespersen（1905），H. C. Wyld（1906 & 1907），G. P. Krapp（1909）などである。わが国でもなじみのある名前が多い。もちろんこれ以降も，今日に至るまで多数刊行されている。

　わが国最初の「英語史」は 1900（明治 33）年に刊行された長井氏毅『英語発達史』（河合文港堂）であり，2 番目が 1910（明治 43）年刊行の栗原基『英語発達史』（博文館）である。[6] 両書ともに，種本は上記 Lounsbury の *History of the English Language*（New York, 1894）である。長井氏のものは，ほかに上記 Trench（1855）や Low（1887）等も参考にしている。栗原氏のものは後発だけあって，さらに Emerson（1896）や Jespersen（1905）などを加え執筆されたもので，より充実した「英語史」になっている。ただし 1904 年刊の H. Bradley, *The Making of English*（London）は未見のようである。栗原氏のものから 8 年後には，書名からはそれとわかりにくいが，間違いなく英語史を略述した金子健二『英語基礎学』（興文社，

---

[6] ちなみに大村喜吉ほか編『英語教育史資料　第 5 巻』（1980, p. 44）は，栗原基（1910）をわが国最初の英語史の書物としている。

1918）がある。金子氏は，漱石の教え子にして，『カンタベリ物語』（1917）の本邦初訳者でもあるが，その 14 年後に，その後の欧米の関係文献を基に 800 頁を超える『英語発達史』（健文社，1932）も刊行している。市河三喜氏は 40 年代に入ってようやく『英語史概説』（研究社，1941）という小冊子を上梓。その後には大内覚之助『英語発達史』（大学書林，1942），厨川文夫『英語発達史』（慶応通信，1948-49）も出ている。また 40 年代には，雑誌に連載されたものや講座等に含まれたものも数点あるが，以上が 20 世紀前半の主要なものである。

　20 世紀も後半に入ると，啓蒙書，入門書の類が多数刊行される。そして日本人の手になる本格的な「英語史」も出現する。1951（昭和 26）年刊の中島文雄『英語発達史』（岩波書店）がそれで，かなり高度な内容の英語史である。また小野捷『英語史概説』（成美堂，1980）は，教科書版の体裁ながら，欧米の英語史関係書で手薄な統語法，とりわけ近代英語の統語法に関する部分が充実している。さらに，最新刊の宇賀治正朋『英語史』（開拓社，2000）は，内外の新しい研究成果に独自の知見を加えながら，英語の外面史と内面史（借用語，文字と音声，形態論，統語論）を著者自身の言葉で語った，明解な英語発達史である。統語法に多くのページ（内面史の約 4 割）を割くなど，借り物でない，20 世紀の掉尾を飾るにふさわしい「英語史」である。

　わが国で英語史という名称を冠した書物で，最も大規模なも

のは太田朗編〈英語学体系〉（大修館書店）所収の4冊本（『英語史Ⅰ（古英語）』(1980),『英語史Ⅱ（中英語)』(1972),『英語史ⅢA（近代英語)』(1984),『英語史ⅢB（米語史)』(1985)）である。しかしこれらは通常の「英語史」とはちがうので，〈総説・一般〉及び〈アメリカ英語〉の項でふれる。教科書版の「英語史」も10点を超えるが，当然のことながら初学者むけの入門書の類であるので，ここではふれない。

翻訳書に目を移すと，今世紀初頭以来刊行された欧米の主要な「英語史」はほとんどすべて訳出されている。該博な知識，すぐれた史的パースペクティブ，それを支える実証的データ等がなければ簡単に著せるものではないのだから，欧米に良書が多いのは当然であろう。20世紀前半の翻訳には，古典的名著で今なお愛読されている H. Bradley, *The Making of English* (London, 1904) の大塚高信訳『英語の発達』（泰文堂，1931；改訂版（1942）は『英語の成立』に改題）をはじめとして，J. R. Aiken, *English Present and Past* (New York, 1930) の鵜飼盈治訳『英語の現在と過去』（研究社，1932），Otto Jespersen, *Growth and Structure of the English Language,* 6th ed. (Leipzig, 1930) の須貝清一・眞鍋義雄訳『英語の生長と構造』（春陽堂，1934），E. Weekly, *The English Language* (London, 1928) の久野朔郎訳『英語発達史』（東京堂，1942）等がある。

20世紀後半には，驚くべきことに，30点前後の翻訳が刊行

されている。まず英米のものでは，L. P. Smith, *The English Language* (London, 1912, 1952²) の三浦順治訳『スミス英語変遷史』(千城書房, 1962), Simeon Potter, *Our Language* (Harmondsworth, Middlesex, 1950) の吉松勉訳『英語学概論』(千城書房, 1966), G. L. Brook, *A History of the English Language* (London, 1958) の桜井益雄訳『ブルック英語史』(千城書房, 1977), A. C. Baugh & Thomas Cable, *A History of the English Language* (Englewood Cliffs, NJ, 1978³) の永嶋大典ほか訳『英語史』(研究社, 1981) など名著の誉れ高いものから，比較的最近のものでは，R. W. Burchfield, *The English Language* (Oxford, 1985) の加藤知己訳『英語史概論』(オックスフォード大学出版局, 1986), 社会・文化史的観点から英語の歴史を見た G. Knowles, *A Cultural History of the English Language* (London, 1997) の小野茂・小野恭子訳『文化史的にみた英語史』(開文社, 1999) 等に至るまで，枚挙にいとまがない。またドイツ語で書かれた K. Brunner, *Die englische Sprache: Ihre geschichtliche Entwicklung* (Tübingen, 1960-62²) の松浪有・小野茂・忍足欣四郎・秦宏一訳『英語発達史』(大修館書店, 1973) や，H. Koziol, *Grundzüge der Geschichte der englischen Sprache* (Darmstadt, 1967) の小野茂訳『英語史入門』(南雲堂, 1973), フランス語で書かれた F. Mossé, *Esquisse d'une histoire de la langue anglaise* (Lyon, 1958²) の郡司利男・岡田尚訳『英語史概説』(開文社, 1963)

や，A. Crépin, *Histoire de la langue anglaise* (Paris, 1967) の西崎愛子訳『英語史』(白水社，1970, 1980²) 等である。そのうち，Bradley, Jespersen, Smith, Weekly, Brook らのものは，場合によっては初版と改訂版の違いはあるにせよ，事実上同一書が異なる訳者によって別々に訳出されている。また，数ある訳書のなかには，そもそも翻訳紹介に値しないものも含まれているが，それ以上に残念なことは，劣悪な訳ゆえにすぐれた原著の価値が損なわれているものが数点あることである。

　初歩的な学生用テキストまで含めると，今世紀後半わが国で刊行された「英語史」は相当な数にのぼる。加えて，欧米書の翻訳も数多い。一体，どこにこれほどの需要があるのかと思いたくなるほどである。最近では英語史を教えなくなった英文科も多いし，英語史をほとんど知らない英語英文学者も増加している。一般読者向けには，内容，文体ともに真にすぐれた啓蒙書が少数あればよく，英語で読みたい向きや専門家は定評ある欧米の「英語史」や，今も時折刊行されるものを読めば充分であろう。Charles Barber の *The Story of Language* (London, 1964) は，英国風フィロロジーの伝統を受け継いだ「英語史」としてわが国でも久しく親しまれてきたが，その完全改訂版 *The English Language: an historical introduction* (Cambridge, 1993) は近代英語期が充実しており，近年のものでは最もおもしろく読める。最近の Stanley Hussey, *The English Language: Structure and Development* (London, 1995) や N. F. Blake, *A*

History of the English Language（London, 1996）も伝統的な概説書ではあるが，それぞれに新しい知見が含まれていて，充分期待に応えてくれる。また，デンマークのゲルマン語学・英語学者 H. F. Nielsen の「英語史」はまだ第1巻の *The Continental Backgrounds of English and its Insular Development until 1154*（Odense University Press, Denmark, 1998）が刊行されたばかりであり，第2巻（1154-1776）と第3巻（1776-2000）の完成は数年後とのことであるが，第1巻を読む限り，北欧人の視点で書かれた「英語史」は期待を抱かせるに充分である。最近の歴史言語学や社会言語学的視点に立って書かれた Jeremy Smith, *An Historical Study of English: Function, Form and Change*（London, 1996）も刺激的な書である。また，近年の英語学・言語学の成果を取り入れた大部の「英語史」である *The Cambridge History of the English Language* 全6巻（Cambridge, 1992-2001）は北米の英語に充てられた第6巻の刊行で完結した。

　わが国でも単に欧米書の引き移しでない，内外の長年にわたる研究成果を取り入れた「英語史」，とりわけ欧米の類書で詳しく論じられることの少ない統語法に重点をおいた「英語史」が書かれることを期待したい。

　［追記—H. F. Nielsen の第2巻は *From Dialect to Standard: English in England 1154-1776*（University Press of Southern Denmark, 2005）として刊行されている。］

3.3 英語学史

　英語史が英語の語彙,音声,統語法など,言語的性質の発達を取り扱うのに対して,英語学史は英語学研究の歴史,つまり英語はどう研究されてきたかを考察する分野である。なじみにくい印象を与えるかもしれないが,政治史と政治学史,経済史と経済学史の違いを考えれば理解しやすい。欧米においても,従来,英語学史的な事項は独立した学問分野というより,英語史のなかで扱われるのがふつうであった。しかし,研究自体は早くから行われていた。Kennedy, *Bibliography* (1927) には'History of the Study of the English Language' という独立した章があり,15世紀末から1922年までの文献,638点が収録されている。20世紀後半,とりわけ70年代以降の言語学史一般に対する関心の高まりを考えると,英語学史関係の文献も今日では膨大なものであろうと推測される。ひるがえって,この分野に関するわが国の状況はどうか。

　古いところでは,大正時代の『英語青年』に23回にわたって連載された神保格「Bloomfield氏言語学」(1920-21)をはじめとして,昭和初期の市河三喜 "On Palmer's "Grammar of Spoken English"" (1928),山本忠雄 "Charles Butler's *English Grammar* (1634)" (1933),大塚高信「W. Hazlittの文典に就きて」(1934),同「英語学の発達」(1935-36)等があり,わが

3.3 英語学史

国でも早くからレベルの高い研究が行われていた。〈総説・一般〉でふれる市河三喜『英語学―研究と文献』(三省堂,1936,1956²)や市河三喜編『英語学辞典』(研究社,1940)にも英語学史的記述が随所に見受けられる。これらのうち,大塚氏の「英語学の発達」と市河氏の『英語学―研究と文献』は,欧米における英語学研究全般にわたる一種の史的概観である。が,「英語学史」という名称はまだ使われていない。その名称が最初に使われたのは,戦前の佐々木達『英語学研究史』(研究社,1941)においてである。同書は,中世期より19世紀まで,文典,辞書,発音と綴字法,語源,音韻史等に関して,広く英語学の分野を通観したものである。佐々木氏にはほかに「英語学史年表について」(1942)や,時代はずっと下るがユニークな英語学史ともいうべき佐々木達・木原研三編『英語学人名辞典』(研究社,1995)もある。

　50年代に入ると,英語学史に関する著作も多くなる。まず重要なものは,〈英文法シリーズ〉の第1巻として刊行された大塚高信『文法の組織』(研究社,1955)であろう。書名からは一見わかりにくいが,第I部はBen Jonsonの文法(1640)からアメリカ構造言語学の文法に至る英語文法書の史的概観である。この分野における大塚氏の特筆すべき業績は,氏を責任編集者として刊行された『英語文献翻刻シリーズ』全21巻(南雲堂,1967-71)である。16世紀半ばのSmith (1568), Hart (1569)から19世紀半ばのAlford (1864), Moon (1864)

に至る正音学書や英文典など41点を，それぞれの専門家による解説を付して翻刻出版したものである。近代期の英語学史研究，とりわけ英文法史研究のための根本資料としての価値は計り知れない。また大塚氏には，この分野でもうひとつ重要な貢献がある。それは英文法の代表的な著作を解説した叢書で，石橋幸太郎・大塚高信・中島文雄監修『不死鳥英文法ライブラリ』全14巻，別巻1巻（南雲堂，1963-71）である。Sweet, Jespersen, Curme, Zandvoort らからアメリカ構造言語学者に及ぶ24人が取り上げられ，各人の略歴と業績，主要著作の内容が具体的に紹介されている。

わが国の英語学史が真に学問的成熟を遂げた成果として注目される研究は，渡部昇一氏のふたつの著書『英文法史』（研究社，1965）と『英語学史』（大修館書店，1975）であろう。『英文法史』は最初の英文典 William Bullokar, *Bref Grammar for English* (1586) から John Wallis, *Grammatica Linguae Anglicanae* (1653) まで，約70年間の英文典7冊の詳細な分析と評価を行ったものである。もうひとつの『英語学史』は「イギリス人の文献学的努力の総体を示す」ことを目指した大著である。OE 時代の文法学の伝統から，ME 時代を経て，16，17，18世紀に至るまで，綴り字問題，英文法，音声学等に関する精密な通史的叙述である。

先の大塚高信，佐々木達氏らに次いで，わが国の英語学史を一つの独立した分野にまで高めることに最も貢献したのはおそ

らく林哲郎氏であろう。氏は,「Sapir の音声価値と音形象に関する理論」(1955) から「Sweet の科学的音声論」(1990) に至るまで, 30 年以上にわたって音声史, 文法思想史, 言語学史, 聖書翻訳史, それに〈辞書学・辞書史〉でふれる辞書発達史など, 英語学史の様々な領域において数々のすぐれた論考を発表している。それらは幸いに『英語学史論考』(こびあん書房, 1978),『英語学素描』(九州大学出版会, 1983),『英語学史研究への道』(開文社, 1990) 等にまとめられている。この分野を目指す人には, とりわけ最後の著書が確かな道案内をつとめてくれるであろう。また通史的な英語学史としては, 先にふれた渡部昇一『英語学史』以外に, 中世期より 20 世紀後半までを対象とした林哲郎・安藤貞雄『英語学の歴史』(英潮社新社, 1988), 20 世紀のアメリカ構造言語学と変形生成文法を扱った安井稔『英語学史』(開拓社, 1988) がある。言語学史については, 興津達朗『言語学史』(大修館書店, 1976) がわが国では唯一の著書である。

　特殊研究の単行本としてまず挙げるべきは, 太田朗編〈英語学大系〉中の 1 巻, 柴田省三『語彙論』(大修館書店, 1975) である。語彙論研究の歴史をたどり, 主要な業績に批判的検討を加えた本格的な研究史である。ほかに重要なものとしては, 先人による品詞分類の検討・批判を通して独自の試論を提出した杉浦茂夫『品詞分類の歴史と原理』(こびあん書房, 1976), 16 世紀末から 18 世紀末までの 23 人の文法家の時制観を跡づ

けた原田茂夫『英語時制観の展開—第18世紀末まで』（松柏社, 1977）, 副題が内容を端的に示している宮下眞二『英語はどう研究されてきたか—現代言語学の批判から英語学史の再検討へ』（季節社, 1980）, 18, 19世紀のアメリカニズム研究を論じた山元卯一郎『アメリカ英語研究史』（横浜市立大学, 1980）, 貴重な本邦 Jespersen 研究史を含む宮畑一郎『イェスペルセン研究』（こびあん書房, 1985）がある。また石黒昭博, *The Notion of Subject in Modern English*（南雲堂, 1993）や平林幹夫『サピアの言語論』（勁草書房, 1993）もある。大泉昭夫・高宮利行編, *Medieval English Studies: Past and Present*（英潮社, 1990）は, 主として海外28の国もしくは大学における中世英語英文学研究を概観した第1部と33人の著名な中世英語英文学者の追悼記事を掲載した異色の研究史である。

　論文としては, 池上嘉彦氏の Noah Webster ら米国初期の英文典に関する研究（1971）が貴重である。また, 荒木一雄, 石橋幸太郎, 岡田忠一, 門田匡, 小林智賀平, 高橋久, 藤原博, 松岡利次, 宮田幸一, 桝井迪夫, 毛利可信氏らの論考も注目に値する。

　わが国の英語学研究を概観したものに, 英学史研究の金字塔ともいうべき豊田實『日本英学史の研究』（岩波書店, 1939）, 明治, 大正, 昭和の100年における英学をさまざまな角度から検討した, 日本の英学100年編集部編『日本の英学100年（明治・大正・昭和編）』全4巻（研究社, 1968-69）, 英語教育ば

かりでなく英語学に関する資料も豊富に含む大村喜吉・高梨健吉・出来成訓編『英語教育史資料 第5巻 英語教育事典・年表』(東京法令出版, 1980) といった重要な書がある。論文としては, 主として20世紀前半, あるいは60年代ぐらいまでを扱ったものに, 大塚高信氏の「わが国に於ける英語学研究」(1938),「わが国英語学の歩み」(1954) 及び「英文法」(1968), 山本忠雄 "English Philology in Japan" (1956), 桝井迪夫「日本の英語学」(1959), 太田朗「英語学概観」(1969), 安井稔「[日本の] 英語学研究」(1969, 74) 等がある。いずれも, わが国の研究がたどった足跡が手際よくまとめられており, 教えられるところ大である。なお, これらのうち, 大塚 (1968), 太田 (1969), 安井 (1969) は上記『日本の英学100年』所収の論文である。20世紀後半を扱ったものには, 『月刊 言語』1990年11月号所載の「特集 日本の英語学」がある。雑誌の性格上紙幅は限られているが, 種々の分野にわたって有益な情報が提供されている。最近のものでは, 『別冊英語青年』(創刊100周年記念号) 所載の小野茂「英語学の成立」(1998) が啓発的である。海外の読者向けに, わが国の研究を概観したものに, 太田朗 "The Study of English in Japan" (1967), 田島松二 & E. F. K. Koerner, "Saussure in Japan: A Survey of Research 1928-78" (1978), 高宮利行 "Chaucer Studies in Japan: A Personal View" (*The Ellesmere Chaucer: Essays in Interpretation*, ed. Martin Stevens & Daniel

Woodward（Huntington Library & 雄松堂書店，1995））がある。

　わが国の英語学あるいは英文法研究の流れを反映して，この分野でも，50年前後までは，Sweet, Jespersen, Curme, Poutsma, Kruisinga ら伝統文法家に関する論考が多い。その後は英語学史的関心の高まりもあって，Lowth, Priestley ら 17, 18 世紀の英文典，さらには Sapir, Bloomfield, Fries らアメリカ構造言語学に関する論考が多くなる。しかし 60 年代に導入された変形生成文法を始めとする種々の言語理論に関するものはまだ少ない。学説史的評価を受けるには，今しばらく時間が必要ということであろうか。

　これまでわが国で行われた英語学史の研究には啓蒙・紹介的なものが多い。歴史的経緯を考えるとそれもまた当然のことであろう。しかし，大塚高信，佐々木達，林哲郎，渡部昇一氏らによる精力的な研究が，すぐれた成果を上げるとともに，英語学史というわが国では比較的新しい分野に道筋はつけてくれた。とりわけ初学者にとって，林氏の著書には教えられるところが多い。今後は，欧米での成果も踏まえた高度の研究が行われるべきであろう。豊かな実りが期待できる分野であることは間違いない。〈書誌〉の項でふれた Görlach の書誌を見ても明らかなように，19 世紀にも膨大な数の英文典が英米で刊行されている。この 19 世紀の英文法史はわが国では，先にふれた池上嘉彦（1971）を除いて，ほとんど手つかずである。林氏も

述べているように,「中世, 近代, 現代の各時期の英語学史的思潮が明瞭に示され, 文法理論, 語彙論, 音声論, 意味論等各分野のとりあつかいに均衡のとれた英語学史の確立が期待される。」(『英語学研究への道』, p. 22)

3.4　総説・一般

ここでは, 英語学全般にわたる総説, 概説, 英語学と密接に関連する言語論, 文法論に関する研究文献を概観する。また音韻, 統語, 語彙論など様々な分野にわたる論文をまとめた個人研究論文集もここで取り上げる。なお, わが国で使われる「英文法」という用語は形態論と統語論を含むことが多いので, そのような名称を冠した研究もここでふれる。言及すべき文献が多いので, 最初に通時的な研究を概観し, その後で古英語, 中英語, 近・現代英語といった時代別の研究を瞥見する。

まず通時的あるいは2つ以上の時期にわたる研究を概観するが, 領域の広さを考えて, 全般的な研究・概説書等と辞典・事典的なものに分けて見てゆく。

大正末期に刊行された八木又三『新英文法』(裳華房, 1923)は, 英語の特性を説いた緒論と, 発音法, 構文法を論理的, 歴史的, 律美的, 心理的という4つの方面から考察した本論から成る本格的な研究書である。時代は少し下るが, 注目すべき著作に19世紀後半から20世紀初頭のドイツ文献学を紹介し, そ

こから英語学研究の方法論を考察した中島文雄『英語学とは何か』（刀江書院，1932；講談社学術文庫，1991）がある。決して読みやすいものではないが，若き日の中島氏が，英語学者の真の活動領域を，理論的研究よりも，「直接，英語の実証的な研究にある」と結論していることは興味深い。中島氏にはさらに『英語学研究方法論』（研究社，1941）もあり，そこにも「英語史研究は英語学の本体をなすもの」と述べられている。

英語学全般を概観したものに，まず『英語青年』に連載された文献解題的な斎藤静「英語学大観」（1926-30）と，英語学の対象，領域，研究方法を述べた神保格「英語学大要」（1932）がある。しかし何と言っても，後世の学徒に最も大きな影響を及ぼしたのは市河三喜『英語学—研究と文献』（三省堂，1936, 1956^2）である。初版は1935（昭和10）年頃まで，改訂版は1955（昭和30）年頃までのわが国の研究を含む，英語学全般にわたる詳細な名著解題であるが，同時に研究指針も示したものである。その延長線上にあるのが小林智賀平『英語学概論』（東京堂，1957）と宮部菊男『英語学—テーマと研究（Ⅴ）』（研究社，1961）である。前者は随所に独自の研究成果を盛り込んだ英語学全般に関する概説書であり，後者は英語学の各分野を，重要な先行研究（主として著書）を中心に，時に著者自身の見解も交えながら，紹介したものである。両書ともに高度の研究手引きとでもいうべきものであり，伝統的な英語学を目指す人にとっては今なお学ぶところ多い書である。その後は，

この種の書物は残念ながら刊行されていない。

　複数の時期にわたる全般的な研究・概説書としては、古・中英語とその文学を論じた厨川文夫『中世の英文学と英語』（研究社，1951）と、その後の四半世紀の研究成果を取り入れた松浪有「中世英文学」（〈講座英文学〉第1巻『詩Ⅰ』（大修館書店，1977）所収）がある。いずれも、中世英語英文学徒にとって必読の書である。

　個人研究論文集は、一部書き下ろしを含むことはあっても、大部分が既発表論文を加筆修正のうえ集成したものであり、近年数多く刊行されている。執筆年代も長期にわたり、扱われた分野も多岐にわたるものが多い。重要なものを刊行年次順に挙げる。桝井迪夫『ロンドン英語の響き―英語学的エッセイ』（大修館書店，1962），松浪有『英語史研究』（松柏社，1964），中島邦男『英語学論究』（南雲堂，1967），三宅鴻『英語学と言語学〈前・後編〉』（三省堂，1972），林哲郎『英語学素描』（九州大学出版会，1983），小野茂『英語史の諸問題』（南雲堂，1984），小野茂, *On Early English Syntax and Vocabulary* （南雲堂，1989），武居正太郎『英語学論説集』（泉屋書店，1996），添田裕『英語学論考―英語史と英語音声学をめぐって―』（九州大学出版会，1997），齊藤俊雄『英語史研究の軌跡―フィロロジー的研究からコーパス言語学的研究へ―』（英宝社，1997）等である。いずれも長年にわたる研究成果であり、すぐれた論文集である。最近海外で刊行されたものに、久保内端

郎, *From Wulfstan to Richard Rolle: papers exploring the continuity of English prose* (Cambridge: D. S. Brewer, 1999) がある。「英語散文の連続性」をめぐる問題に語順，句読法，散文のリズム等の観点から接近した10篇の手堅い論文からなり，最終的には，言語変化研究における写本研究の重要性を例証した好著である。

　入門書の類には，荒木一雄編『コンパクト英語学概論』（荒竹出版，1981），伊藤弘之・隈元貞広『文学テキストの分析を中心とした英語学概論』（篠崎書林，1982），安井稔『英語学概論』（開拓社，1987），安藤貞雄・小野捷『英語学概論』（英潮社，1991）など多数ある。忘れてならないのは，長年にわたって，わが国の英語英文学徒を中世英語英文学の世界へいざなってくれた市河三喜『古代中世英語初歩』（研究社，1935，1955^2）とその改訂版，市河三喜・松浪有『古英語・中英語初歩』（研究社，1986）である。

　わが国では，早くから英語学，あるいは英文法全般に関する辞典・事典の類が数多く刊行されている。まず取り上げるべきは，戦前の市河三喜編『英語学辞典』（研究社，1940）であろう。英語学のあらゆる分野に関して，欧米における従来の研究成果を集大成したもので，当時はもちろん比較的最近まで世界に比類ないものであった。同書はその後も長くわが国の英語学徒にとって基本的書物のひとつであった。20世紀も後半に入り，アメリカから導入された構造言語学や変形生成文法等のい

わゆる新言語学の急速な展開に対応すべく，新しい辞典・事典が3点刊行されている。まず，1971年頃までの成果を盛り込んだ石橋幸太郎編集主幹『現代英語学辞典』（成美堂，1973），次いで1981年までの研究成果を反映した大塚高信・中島文雄監修『新英語学辞典』（研究社，1982）である。後者は上記『英語学辞典』の改訂版ともいうべきもので，各種の文法理論（とりわけ生成文法）とその用語に詳しいのが特色である。3つ目は松浪有・池上嘉彦・今井邦彦編『大修館英語学事典』（大修館書店，1983）である。従来の用語辞典的英語学辞典と異なり，大項目主義を取り入れた事典である。

　英語学の分野のうち，英文法に関係あるものを選んで編纂された英文法辞典として，歴史的記述も随所に盛り込んだ大塚高信編『新英文法辞典』（三省堂，1959）がある。その10年後には新言語学の展開に配慮した改訂増補版（1970）も刊行された。ほかにも同種のものに，中島文雄編『英文法辞典』（河出書房，1955），清水護編『英文法辞典』（培風館，1965），井上義昌編『詳解英文法辞典』（開拓社，1966）がある。さらにその後の生成文法等，言語理論の展開を取り込んだものに荒木一雄・安井稔編『現代英文法辞典』（三省堂，1992）がある。以上の辞典・事典とは趣を異にするが，対象範囲・時代の点からもここで取り上げるべきものに寺澤芳雄・川崎潔編『英語史総合年表』（研究社，1993）がある。〈英語史〉，〈英語学史〉，〈英米文学史〉，〈外面史〉の各欄を対照させた本格的な年表であ

る。以下，対象時代別に見てゆく。

　古英語関係では，まず，太田朗編〈英語学体系〉所収の小野茂・中尾俊夫『英語史 I』（大修館書店，1980）がある。古英語の綴り字，音韻，形態，統語法，語彙，韻律，文体の各分野にわたって従来の研究成果を紹介し，独自の知見も加えた高度な概説書である。ほかには宇佐美邦雄『古英語文法研究』（学習院大学，1992）が主なところであったが，つい最近，小川浩, *Studies in the History of Old English Prose*（南雲堂，2000）が加わった。前著 *Old English Modal Verbs*（Copenhagen: Rosenkilde, 1989）を発展させた論考に加え，副詞，接続詞，語順等に着目した文体研究など14篇からなる質の高い論文集である。これらの本格的な研究書に加えて，時代的背景を考えるとき忘れてならないのは，厨川文夫『古代英語』（新英米文学社，1933；研究社，1940）及び西脇順三郎・厨川文夫『古代英語文法』（文修堂，1935）といった入門書である。先にふれた市河三喜『古代中世英語初歩』とともに，昭和初期の英学徒を古英語学習に導いた意義は大きい。近年の入門書には，下瀬三千郎・古賀允洋・伊藤弘之『古英語入門』（大学書林，1990）等がある。また教科書版の注解書ではあるが，鈴木重威氏の『古代英詩　哀歌』（研究社，1967），『古代英詩　ベオウルフ』（研究社，1969），『古代英詩　宗教詩』（研究社，1972）も古英語の韻律や文体，発音等に関する概要を与えてくれる。

中英語関係では，前記〈英語学大系〉中の中尾俊夫『英語史II』（大修館書店，1972）が，『英語史I』で扱った分野にさらに書記素を加え，各分野にわたって同様の概観を行っている。代表的な散文を集めた注解書である宮部菊男編『中英語テキスト』（研究社，1974）は65頁に及ぶ「中英語の概説」を含んでいる。発音表記を付したグロッサリーも本格的なものである。中英語の入門書としては，古くは厨川文夫『中世英語』（英語英文学刊行会，1934），中山竹二郎『中世英語』（研究社，1940）があったが，最近のものには水鳥喜喬・米倉綽『中英語の初歩』（英潮社，1997）があり，特に書誌が充実している。

近・現代英語全般に関する概説書としては，20世紀前半のものに中島文雄『近代英語の成立（上）（下）』（新英米文学社，1934）があり，内的歴史，外的歴史の両面から近代英語の成立を概観している。ほかに，〈研究社英米文学語学講座〉所収の斎藤静『近代英語　後期』（1940），須貝清一『品詞及語形論II』（1940），南石福二郎『品詞及語形論III』（1940），鈴木重威『品詞及語形論I』（1941），眞鍋義雄『標準語と方言及スラング』（1941）といった小冊子がある。包括的なものはようやく80年代に登場する。〈英語学体系〉中の荒木一雄・宇賀治正朋『英語史III A』（大修館書店，1984）である。近代英語（同書では1500-1800年）の綴り字，方言，音韻，形態，語彙，統語の各分野にわたる最も詳細な概説書である。また小野捷・伊藤弘之『近代英語の発達』（英潮社，1993）は，入門講座と銘打

った叢書の一冊ではあるが，発音と綴り字，語形と統語法，語彙と表現に関するすぐれた概説書であり，著者達の知見が随所に示されている。しかし，現代英語に関する包括的概説書は残念ながらわが国にはない。その欠を補ってくれるのが，スイスの英語学者エルンスト・ライズィ（Ernst Leisi）の *Das heutige Englisch* 第7版（Heidelberg，1974）を全訳した大泉昭夫・野入逸彦訳『現代の英語―その特徴と諸問題―』（山口書店，1987）である。

　文法論には，まず石橋幸太郎『英文法論』（大修館書店，1964）がある。品詞論と統語論の諸問題を扱った第1部と，発話の単位としての文を論じた第2部から成る文法論である。また〈英語学大系〉には，太田朗・池谷彰・村田勇三郎『文法論Ⅰ』（大修館書店，1972）と太田朗・梶田優『文法論Ⅱ』（大修館書店，1974）がある。前者は，第1部でイェスペルセンらの伝統的文法を概観し，第2部では現代英語の諸相を具体的に検討している。後者はいわゆる新言語学の構造言語学や変形生成文法等を詳説している。また梶田氏には『変形文法理論の軌跡』（大修館書店，1976）もある。類似のものに，叢書〈現代の英文法〉中の荒木一雄ほか『文法論』（研究社，1982）があり，アメリカ構造言語学及びその後の変形生成文法等の言語理論の展開を詳述している。比較的最近のものに，河上誓作編著『認知言語学の基礎』（研究社，1996）がある。認知言語学の基本的な考え方と最新の理論をわかりやすく解説したものであ

る。また，山梨正明氏の『認知文法論』（ひつじ書房，1995）と『認知言語学原理』（くろしお出版，2000）も最近の認知言語学の展開を理解するのに欠かせない。理論研究の分野で20世紀最後の大型企画は，わが国の英語学・言語学の理論研究の集大成と，今後進むべき基盤を与えることを目指した全21巻から成る叢書〈英語学モノグラフシリーズ〉の刊行である。その第1巻である原口庄輔・中島平三・中村捷・河上誓作『ことばの仕組みを探る　生成文法と認知文法』が2000年11月に出版された。

　近・現代英語に関する研究書，研究論文集としては，20世紀前半のものに，再三言及した市河三喜『英文法研究』（研究社，1912）がある。ヨーロッパの科学的・実証的な研究方法を独自の知見も加えながら紹介したものであるが，今日の見方からすれば，大半はいわゆる語法研究であり，ほかにリズム論，アイルランド英語，ディケンズを資料とした俗語文典から構成されている。その後のものに，大塚高信氏の『英文法論考—批判と実践—』（研究社，1938），『文法論』（研究社，1940）及び『英語学論考』（研究社，1949），中島文雄氏の『英語の常識』（研究社，1944，1953[2]），佐々木達氏の『語学試論集』（研究社，1950）がある。後半に入っても，大塚氏には『英語要覧』（学園出版社，1951），『英文法演義』（研究社，1956），『英文法点描』（泰文堂，1956）等があり，理論と実践の両面にわたる氏の活躍は際だっている。また，中島氏には『英語：文法と鑑

賞』(開文社, 1951),『英語学研究室』(研究社, 1956),『英文法の体系』(研究社, 1961)があり,佐々木達氏には主要著作をまとめた『言語の諸相』(三省堂, 1966)という大著がある。上記以外で,20世紀後半に刊行された重要なものを概略年代順に挙げると,清水護『英国民の伝統と聖書―英語と聖書―』(研究社, 1957),原沢正喜『現代口語文法』(研究社, 1957),石橋幸太郎『英語学覚え書き』(吾妻書房, 1958),岡村弘『口語英語の研究』(研究社, 1958),安井稔氏の『英語学研究』(研究社, 1960),『英語学の世界』(大修館書店, 1974),『新しい聞き手の文法』(大修館書店, 1978),『英語学と英語教育』(開拓社, 1988)及び『英文法を洗う』(研究社, 1989),小西友七氏の『現代英語の文法と背景』(研究社, 1964),『現代英語の文法と語法』(大修館書店, 1970)及び『英語への旅路―文法・語法から辞書へ』(大修館書店, 1997),荒木一雄『英文法―理論と実践』(1966),福村虎治郎『英語学論集―伝統主義と新言語学―』(篠崎書林, 1977),郡司利男『英語学ノート』(こびあん書房, 1978),大江三郎『現代英語文法の分析』(弓書房, 1978),毛利可信『橋渡し英文法』(大修館書店, 1983),山岸勝榮『現代英米語の諸相』(こびあん書房, 1989),安藤貞雄『英語学の視点』(開拓社, 1996),葛西清蔵『心的態度の英語学』(リーベル出版, 1998)等があり,現代英語の種々相をあるいは実証的に,あるいは理論的に考究している。

　近代英語を総合的,多角的に扱った論文はごく少数である。

古いところでは,英語の現状や,シェイクスピア,聖書と現代英語との関係を論じた市河三喜 (1916～35),それ以降では,17, 18世紀の英語を論じた中島文雄 (1934～35), 18世紀英語を扱った荒木一雄 (1952) と小野捷 (1980, 81), 19世紀英語に関する山本忠雄 (1958) が,その数少ない貴重なものである。

現代英文法全体を対象とした文法辞典・事典のうち,歴史的な事項を含むものについてはすでにふれた。それら以外に,井上義昌編『詳解英文法辞典』(開拓社, 1966),荒木一雄編『英文法用例辞典』(研究社, 1984),安井稔編『[例解] 現代英文法事典』(大修館書店, 1987),安藤貞雄・樋口昌幸共編『英文法小事典』(北星堂書店, 1991) がある。

以上,総説・一般あるいは多分野にまたがる文献を概観した。わが国の先達が多方面にわたって精力的に研究活動を行ったことは明らかであり,すぐれた研究も少なくない。しかるに,研究が専門化,細分化されすぎた今日,学問研究の出発点である学生時代にも,あるいは大学院生時代にも,ごく一部の分野にしかふれ得ないのが実状である。これでは,初学者は何を目指したらいいのか途方に暮れるのは当然であろう。かつて市河三喜,小林智賀平,宮部菊男氏らが文献解題を通して研究の道案内をしたように,専門化,細分化された今日こそ,良質の研究案内書が必要ではなかろうか。そのような意味でも,すぐれたフィロロジストである小野茂氏の『フィロロジーへの

道』(研究社, 1981), 『英語史研究室』(南雲堂, 1990), 『フィロロジーの愉しみ』(南雲堂, 1998) は, 入門書の役割も果たしてくれる貴重な著作である。著者自身の研究を通して広くフィロロジー研究のあり方を具体的に, 平易に説いたものであり, 初心にかえってテキストを丁寧に読むことから, いかに多くの興味ある問題が浮かび上がってくるかをわかりやすく教えてくれる。さらにもう 1 点, 20 世紀最後の年の 11 月, 小野氏のエッセンスが詰まった『フィロロジスト―言葉・歴史・テクスト―』(南雲堂, 2000) が刊行された。「テクストの言葉を歴史的な立場から研究するのがフィロロジストとしての私の主な仕事」であるとする著者のフィロロジーに対する熱い思いが溢れた一連の書を読むことで, 若い学徒は大いに勇気づけられ励まされることであろう。

3.5 個別作家・作品の言語

60 年代後半に入って理論的な言語研究が盛んになるまでは, わが国の英語学研究といえば, *Beowulf,* Chaucer, Shakespeare など, 個々の作家または作品の英語を様々な角度から観察, 分析, 記述することが主であった。その場合, 例えば統語法の, あるいは語彙の一面を記述するような研究が大半であった。しかし, そのような研究はそれぞれの分野で取り扱うことにして, ここでは個別作家・作品の英語に関する全般的な研究ある

いは複数以上の分野にわたる研究を取り上げる。

聖書の英語を論じたものは多いが，通時的な研究となるとまとまったものは橋本功『聖書の英語—旧約原典からみた—』（英潮社，1995）しかない。主に欽定訳聖書に及ぼした旧約原典の影響を品詞別に論じたものであるが，古英語以降の翻訳聖書を対象に，通時的に見た聖書の英語も種々の点から論じられている。その後，同書に加筆修正を施し，新たな項目を追加した『聖書の英語とヘブライ語法』（英潮社，1998）も刊行されている。

古英語関係の全般的な研究については，*Beowulf*, *The Battle of Maldon*, Cædmon, Alfred, Ælfric に関するものが多少見られる。古いところでは『英語青年』に11回にわたって連載された細江逸記「Beowulf 研究の一端」（1925-26）が言語，文体，詩形等を，厨川文夫「*The Battle of Maldon* の言語に就て」（1934）が音韻と形態を論じている。近年のものでは，OE版 Heptateuch の言語現象（品詞別統語法，語順，否定構文，ほか）を詳細に記述し，独自の見解を随所に盛り込んだ菅沼惇『Old English Heptateuch の言語研究』（香川大学教育学部，1993）が注目に値する。

中英語関係では，*Peterborough Chronicle*, Layamon's *Brut*, *Ancrene Wisse*, Chaucer, *Gawain*-poems, Malory, Caxton などに関する研究が多数発表されている。ただし，50年以前は少なくて，わずかに安原基輔「Ormulum の言語学的研究」（1936

-37),中山竹二郎 "On Some Features of Chaucer's Language" (1938) が目につく程度である。50年代以降では,質量ともに目立つのが Chaucer に関するものである。単行本としては,多くの著書,論文等でわが国のチョーサー研究を世界的水準にまで高めたことで知られる桝井迪夫氏の『チョーサー研究』(研究社,1962) と The Structure of Chaucer's Rime Words: An Exploration into the Poetic Language of Chaucer (研究社,1964) がある。前者はわが国チョーサー学の最も包括的な研究書であるが,その中の1章「Chaucer の言語と表現」は統語法や韻律,修辞法を通してチョーサーの文学に迫ったものである。後者は統語法,語彙,文体,意味等の観点からチョーサーの脚韻語を詳細に分析したものである。最近の単行本には,形容詞・副詞の比較変化等を詳述した山根周『チョーサーの文法点描』(泉屋書店,1987),統語法や語彙の諸相を論じた樋口昌幸, Studies in Chaucer's English (英潮社,1996) 等がある。チョーサーの英語を簡便に解説したものに,市河三喜注釈『Chaucer's Canterbury Tales (The Prologue)』(研究社,1934) とその改訂版,市河三喜・松浪有編注『Chaucer's Canterbury Tales (General Prologue)』(研究社,1987) がある。また,大山俊一註釈『Geoffrey Chaucer, The Canterbury Tales (Prologue)』(篠崎書林,1956) や最近刊の苅部恒徳ほか編・訳・注『原文対訳「カンタベリィ物語・総序歌」』(松柏社,2000) でもチョーサーの英語が概観されている。訳書では

大泉昭夫訳／ウド・フリース『チョーサーの言語入門―音韻論・韻律論・形態論』（開文社，1998）がすぐれている。Chaucer の次に多いのは Malory 研究である。なかでも出色の研究は，中島邦男，*Studies in the Language of Sir Thomas Malory*（南雲堂，1981）である。主として品詞別統語法を徹底的に分析・記述した大著であるが，中英語研究者にとって有用なデータが豊富に提示されている。Layamon's *Brut* については語彙，統語，形態を記述した岩崎春雄氏の一連の研究が *The Language of Laȝamon's 'Brut'*（研究社，1993）としてまとめられた。米倉綽，*The Language of the Wycliffite Bible: The Syntactic Differences between the Two Versions*（荒竹出版，1985）は初期訳と後期訳の動詞統語法の相違を明らかにし，英語史研究におけるウィクリフ派訳聖書の重要性を論じた大部の書である。また池上忠弘編，*The Lyfe of Ipomydon* 2 巻（成城大学，1983，1985）もここで挙げておきたい。元々校訂本であるが，各巻の序論には，編者および池上昌氏による音韻，綴り字，形態，語彙等に関する詳細な分析が含まれている。

　論文にもすぐれたものが多い。とりわけ重要な研究は，難解で知られる初期中英語の *Ancrene Wisse* の音韻，形態，統語法を詳細に記述した鈴木重威（1962〜67）である。ほかには，*Morte Arthure* や *A Gest of Robyn Hode* に関する池上昌（1985〜95），*Peterborough Chronicle* に関する岩崎春雄・清

水周裕 (1964〜73), *Ormulum* に関する柴田黎児 (1963〜66), Chaucer の英語の種々相を分析した宮田武志 (1957), 須藤淳 (1966〜71), 武居正太郎 (1968〜78), Layamon の音韻, 形態, 統語法を記述した前島儀一郎・水鳥喜喬・中尾祐治 (1966〜67), *King Horn* 等の言語を記述した山口秀夫 (1968〜87) が重要である。

近・現代英語に関する最も初期の研究は,『英語青年』に連載された市河三喜氏の「ディケンズと俗語の研究」(1912) 及び「聖書の英語」(1917) である。前者は俗語文典を意図したもので, 後に『英文法研究』(研究社, 1912) に収録され, 後者は『聖書の英語』(研究社, 1937) に発展した。同書はマタイ伝を中心にした聖書の語法研究, 現代英語と比較した聖書の語彙研究, 聖書由来の慣用句を扱ったものから成る。同じく『英語青年』に連載された細江逸記「Shakespeare の英語」(1929-31) は発音, 綴り字, 文法を論じたもので, 後に『シェクスピアの英語』(篠崎書林, 1951) として刊行された。ほかに, O. Goldsmith, *The Vicar of Wakefield* の語彙と統語法を論じた石黒魯平 (1921), Fielding の統語法と話法を論じた長沢由次郎 (1933), Bunyan の文法を論じた河合茂 (1935) がある。20 世紀前半の業績を締めくくるものとしては, 山本忠雄, *Growth and System of the Language of Dickens: An Introduction to a Dickens Lexicon* (関西大学英語学会, 1950) 及びその簡易日本語版『ディッケンズの英語』(研究社, 1951)

を挙げなければならない。ディケンズの英語表現の成長をたどり，それが口語慣用法に定着する過程を示した第 1 章と，ディケンズの造語法と口語慣用法の構造や分け方を扱った第 2 章から成る，個人言語研究の白眉である。英語学がわが国に紹介されて半世紀過ぎて，ようやく真に独創的な研究が誕生したのである。時勢のしからしむるところとはいえ，同書が海外で刊行されていたら，と思わずにはいられない。山本氏にはさらに『シェイクスピアの言語と表現』(南雲堂，1959) もあるが，これはむしろ文学研究というべきものである。

　20 世紀も後半に入ると研究も多岐にわたり，成果も豊富である。まずシェイクスピア関係では，大塚高信『シェイクスピア及聖書の英語』(研究社，1951) がある。シェイクスピアを主に，聖書を従にして，発音，綴り字，文法を扱ったシェイクスピアの英語全般にわたる体系的な文法書である。(なお『シェイクスピアの文法』と改題された改訂版が 1976 年に出ている。) もうひとつは，荒木一雄・中尾祐治『シェイクスピアの発音と文法』(荒竹出版，1980) で，近年の内外の成果に独自の知見を盛りこんだシェイクスピアの英語案内書である。訳書では，ドイツ語の大著 W. Franz, *Die Sprache Shakespeares in Vers und Prosa* (Halle, 1939[4]) の翻訳である斎藤静・山口秀夫・太田朗共訳／フランツ『シェイクスピアの英語―詩と散文―』(篠崎書林，1958) をまず挙げたい。E. A. Abbott, *A Shakespearian Grammar* (London, 1870[3]) と並ぶ古典的な研究書

である。ちなみに初版は1898-1900年の刊で，以来3度改訂増補され，翻訳の底本となった第4版（1939）は随所でアメリカ英語にも言及しており，アメリカ英語の歴史的研究にも役立つ。徹底したドイツ・フィロロギー（Philologie）の成果が日本語で利用できることは，今日では，幸せと言わねばなるまい。ほかにもシェイクスピア関係の訳書は数点あるが，有用なものとしてドイツ語からの翻訳である岩崎春雄・宮下啓三共訳／マンフレート・シェーラー『シェイクスピアの英語―言葉から入るシェイクスピア―』（英潮社新社，1990）を挙げておく。聖書関係では，倉長真『聖書と英語』（泰文堂，1952），寺澤芳雄ほか『英語の聖書』（冨山房1969）が聖書英語の諸相を論じている。シェイクスピアと聖書以外では，17, 18世紀の作家・作品を扱ったものが数点見られる。重要な研究は，皆川三郎『エリザベス朝日英関係文献と言語（正・続）』（篠崎書林，1972，1974），マーロウの動詞統語法に関する包括的な記述研究である安藤貞雄, *A Descriptive Syntax of Christopher Marlowe's Language*（東京大学出版会，1978），SteeleとAddisonがロンドンで刊行した日刊紙 *The Spectator*（1711-12, 1714）の英語を語彙と統語法の観点から分析した伊藤弘之, *The Language of 'The Spectator': A Lexical and Stylistic Approach*（篠崎書林，1980），王政復古期の劇作家 William Congreve の英語を記述した藤木白鳳『コングリーブの英語』（大阪教育図書，1991）である。いずれも長年にわたる個別作

家・作品の言語研究をまとめたもので,国の内外を問わず類書も少なく,手薄な近代英語研究に資するところ大である。

論文としては,Shakespeare(宮部菊男 1960, ほか)を除けば,Fielding, Goldsmith, Sterne, Swift ら 18 世紀の作家(河井迪男 1957, 58, 東村久男 1971〜73, ほか)に関するものが比較的多い。

アメリカの作家に関しては,吉田弘重氏の『マーク・トウェイン研究—思想と言語の展開』(南雲堂, 1972), *A Sinclair Lewis Lexicon with a Critical Study of his Style and Method* (朋友社, 1976),『*Huckleberry Finn* 研究—研究ノート・文体・グロッサリ』(篠崎書林, 1980)がそれぞれの言語,文体,語彙に関する総合的な研究である。論文では Caldwell(東村久男 1983〜86),Hemingway(河田徳二 1966〜67),*Huckleberry Finn*(高橋作太郎 1975〜83),Saroyan(福井慶一郎 1991〜92)の英語が詳細に分析されている。

以上,個別作家・作品の言語を多角的に論じた著書,論文をみてきたが,50 年前後から本格的な研究も多くなっている。英文著書の中には欧米の研究に優に比肩しうるものも少なくない。それどころか,その進展に寄与するものもある。しかし意外にも,わが国はもちろん欧米でさえ,*Beowulf*, Chaucer, Shakespeare, Milton といった主要な作家・作品の言語に関する全般的・包括的な記述研究は事実上皆無である。Shakespeare の英語を概説した Abbott (1869) や Franz (1898 -

1900) の大著は今なお有用な部分も少なくないが，そもそも一世紀も前の，19世紀の所産である。Defoe, Swift, Fielding, Richardson, Austen, George Eliot, Dickens ら 18, 19 世紀の作家についても，部分的な言語現象を取り上げたものは多少見られるが，包括的な記述研究は皆無に等しい。ともすれば看過されがちであった近代英語の発達過程を明らかにするためにも，本格的な研究が待たれるところである。19世紀末以来 100 年以上にわたって，ばらばらに蓄積された内外の研究業績を集大成するだけでも，個別作家・作品の言語解明に役立つことは間違いない。その一方で，これまでの業績を踏まえた新たな言語研究が，ほとんどすべての主要作家・作品に関して必要になっているのではないだろうか。一次資料や関連情報の膨大さを考えると，個人の手に負えない点があるのも事実である。コンピューターの利用や共同研究も当然必要であろう。

3.6 文字・綴り字・句読法

　文字，綴り字，句読法は，いわゆる文法などと比べて，わが国では研究されることの少ない分野の一つである。それでもすでに 1930 年代には数篇の論文が書かれている。綴り字に関する最も早いものに，昭和初期の『英文学研究』に掲載された久野朔郎「Robert Bridges 氏の新綴字法に就いて」(1930) があり，次いで岡倉由三郎 (1932)，安原基輔 (1934)，篠原久介

(1939) などがある。句読法に関する初期のものとしては、土居光知 "Punctuation of William Blake's Songs"（1940）がある。筆跡（Handwriting）については、大塚高信「近世初期の Handwriting」（1940）が最も早いものである。その大塚氏にはエリザベス朝の筆書体やシェイクスピアの筆跡の問題を論じた『シェイクスピア筆蹟の研究』（創元社、1949）といった本格的な研究もある。

50年代に入ると研究文献も多少増加し、研究領域も広がりをみせる。文字、綴り字に関する叙述は種々の概説書や入門書にも含まれているが、本格的なものとしては、わずかに〈英文法シリーズ〉第2巻の安井稔『音声と綴字』（研究社、1955）と田中美輝夫『英語アルファベット発達史―文字と音価』（開文社、1970）の2点のみである。最近になって正書法に関する訳書が1点加わった。英語の音声・音韻体系と書記体系の発達を論述した米倉綽ほか訳／ジョルジュ・ブルシェ『英語の正書法―その歴史と現状』（荒竹出版、1999）である。綴り字を史的に考察した論文には影山泰彦（1960）、辻前秀雄（1967）、林哲郎（1961, 63）等があり、句読法の歴史を論じたものに北山顕正（1958）がある。以下、対象時代別に見てゆく。

古英語に関しては、OE の写本に見られる句読法を論じた大場啓蔵（1975〜81）がある。ほかには、ルーン文字（runes）に関するものが2, 3見られる程度である。翻訳には R. W. V. Elliott, *Runes: An Introduction*（Manchester, 1959）の吉見昭

徳訳（1985〜92）がある。

中英語に関しては，15世紀の書簡集 *Paston Letters* の綴り字を取り上げたものが多い（石原田正廣 1981〜85，小原平 1981，95，ほか）。ほかに *Havelok the Dane*（今井光規 1985），Laʒamon's *Brut*（岩崎春雄 1988），*Cely Letters*（大島巌 1985），*Peterborough Chronicle*（小林絢子 1993），Chaucer（田本健一 1985〜87），*The Owl and the Nightingale*（出本文信 1996）等の綴り字が分析されている。句読法については，Nicholas Love's *Myrrour* に関するもの（下ノ本桂子 1994〜95）がある。

近代英語関係では，句読法に関する論考が最も多く，かつ，すぐれている。なかでも，シェイクスピアに関するものが多く，北山顕正（1962），外山滋比古（1963），三井高敬（1973〜78），東森めぐみ（1993）等がある。そのうち，外山論文は *Romeo & Juliet* を取り上げて，Folio 版，Quarto 版を含む 18 世紀末までの諸版間の異同を明らかにしたものである。三井氏の諸論考は，シェイクスピアの5つの作品に関して，複合名詞，複合形容詞とハイフンの関係を現代版と F1, Q1（あるいは Q2）との間の異同を詳細に実証したものである。綴り字に関しては，初期近代英語の綴り字を扱ったものに伊藤義兼（1964），日下部徳次（1955〜56），徳永順吉（1956）等がある。ほかには，Spenser, Swift, Shaw らの綴り字や句読法が分析されている。また現代英語の黙字や分綴法，英米語の綴字法

に関するものもある。

　この分野は近年研究文献が減少傾向にある。その点を別にすれば，古英語，中英語，初期近代英語に関して，手軽な刊本に寄らず実際の写本等を調査したものが増えており，研究の深化を物語っている。が，写本研究や本文校訂に必要な古書体学（paleography）に関するものは見あたらない。中英語末期までは英語の綴り字は比較的表音的であったが，15世紀末の印刷術の導入もあって，綴り字の固定化が進み，今日の正書法は1700年までにはほぼ完成したと考えられている。しかしその間に大母音推移が起こり，母音が大きく変化し，子音もそれなりに変化したため，英語では綴り字と発音の乖離が大きくなる。綴り字の固定化に反対する動きや綴り字改良に取り組む動きもあり，英語学史的にみても興味深い領域である。句読法に関しても，コロン，セミコロン，ダッシュ，ハイフン，アポストロフィ等の使用法は時代により，あるいは文体により変化しているが，シェイクスピアに関するものを除けば，本格的な研究は皆無に等しい。綴り字に関しても，句読法に関しても，初期近代英語期から18，19世紀あたりを実証的な立場から研究することで，わが国がこの分野の進展に貢献できるところは少なくないように思われる。

3.7 音声学・音韻論

わが国の英語音声学・音韻論研究の流れは，あらまし，Daniel Jones（1881-1967）のイギリス流音声学に始まり，戦後は，それも 50 年代後半以降，アメリカ構造言語学の音韻論が盛んになり，70 年前後からは生成音韻論の枠組みによる理論的研究が増加している，ということになろうか。

わが国における音声学研究は，明治も末期の 20 世紀初頭にはすでに始まっていた。[7] この時期には，欧米の学者の業績を解説した岡倉由三郎『発音学講話』（宝永館書店，1901），同『英語発音学大綱』（三省堂，1906），万国発音記号を初めて使用した R. B. マッケロー・片山寛『英語発音学』（上田屋書店，1902）といった書物が次々と刊行されている。最も初期の論文となると，大正初期の『英語青年』に発表された市河三喜氏の発音，リズム，ストレスに関するもの（1913～19）と，27 回にわたって連載された大谷繞石「ヂョウンズ先生の英語発音学」（1915-16）である。他分野と比べると，早々に本格的な研究も出現する。それは，わが国英語音声学研究史上きわめて重要な著作とされる岩崎民平『英語 発音と綴字』（研究社，

---

[7] 第 1 章でふれた 1886 ［明治 19］ 年刊の菊池武信著述『英語発音秘訣』を，わが国最初の音声学書とする見方もある（大村喜吉ほか編『英語教育資料 第 5 巻』（1980），p. 44 参照）

1919) である。その後も岡倉由三郎『英語小発音学』(研究社，1922)，豊田實『英語発音法』(英語倶楽部社，1922)，市河三喜『英語発音辞典』(研究社，1923) 等が相次いで刊行された。最後の，岩崎民平氏の協力になる『英語発音辞典』は Daniel Jones, *An English Pronouncing Dictionary* (London, 1917) に依拠したもので，今なおわが国唯一の発音辞典である。以上は，いずれも大正時代の成果である。大正から昭和への改元 (1926 年) 数年後の 30 年以降，カイモグラフ (Kymograph) をわが国に初めて紹介した兼弘正雄『実験英語音声学』(泰文堂，1932)，同『英語音声学』(冨山房，1934)，実験音声学のすぐれた業績とされる千葉勉, *A Study of Accent* (冨山房，1935)，さらには豊田實『英語音声学概説』(研究社，1937)，神保格『一般音声学』(研究社，1940)，兼弘正雄・梶山正登 *The Vowel ; Its Nature and Structure* (東京開成館，1941) 等が続いている。50 年以前の論文では，Chaucer の発音を取り上げた上田一雄 (1933)，語音変化を概観した下村清 (1936)，現代英米語音を論じた黒田巍 (1934〜62) が主なものである。

音声・音韻の研究も 50 年代に入って盛んになるが，音声学の研究が少なくなり，音韻論に関する文献が急増する。まず通時的な研究からみてゆく。単行本はいずれも理論的研究である。膨大な先行研究を踏まえて，英語音体系の史的発達の全貌を明らかにすることを試みた中尾俊夫『音韻史』(大修館書店，1985)，同じく中尾氏の，通時的普遍性の観点から英語音

韻史を見直そうとした『音韻における通時的普遍——最小変化の原理』（リーベル出版，1996），それに語彙拡散（lexical diffusion）理論の観点から書かれた小倉美恵子氏の *Historical English Phonology*（研究社，1987）と *Dynamic Dialectology : A Study of Language in Time and Space*（研究社，1990）である。当然のことながら，諸理論に通じていない者が容易に読めるような書物ではない。論文では，音韻論の分野ですぐれた業績を数多く発表している荒木一雄氏の諸論文（1966〜91）が音韻史研究の歴史と問題点を的確に教えてくれる。ほかには音韻変化の原因をさぐったもの（飯田秀敏 1979, 添田裕 1982, ほか），個々の母音，子音，二重母音の音変化をたどったもの（酒井陽之 1966, 67, 藤谷多磨雄 1969, ほか），フランス語借用語の強勢と母音量を論じたもの（松下知紀 1984）などがある。以下，対象時代別にみてゆく。

　古英語関係の文献はそれほど多くないが，それでも単行本が2点ある。藤原保明『古英詩韻律研究』（渓水社，1989）と鈴木誠一，*The Metrical Organization of Beowulf: Prototype and Isomorphism*（Berlin: Mouton de Gruyter, 1996）であるが，両書とも理論的な研究である。論文としては，ウムラウトを扱ったもの（上田稔 1973, 高橋作太郎 1973, 74, 森基雄 1985, ほか），個々のテキストに見られる母音，子音の音韻論的分析（鈴木重威 1956, ほか），接頭辞のストレス，ラテン系借用語のアクセント，ge- の音韻史等に関する論文が散見される程度

である。最上雄文「*Beowulf* 語彙の音声表記」(1969-70) は初学者にとって有用である。

　古英語に比べると，中英語研究はやや増えるが，理論的な立場から音韻史を解明しようとした著述が多い。単行本には，語強勢に関する中尾俊夫, *The Prosodic Phonology of Late Middle English* (篠崎書林，1978)，寺島廸子, *The Trajectory Constraint and 'Irregular' Rhymes in Middle English* (篠崎書林，1985) があるが，いずれも理論的な研究である。唯一実証的な研究は，池上昌, *Rhyme and Pronunciation: Some Studies of English Rhymes from 'Kyng Alisaunder' to Skelton* (慶応義塾大学法学研究会，1984) である。後期中英語の脚韻を詳細に分析した上で，当時の発音を明らかにしようとした重要な著作である。論文には，開音節長音化 (open syllable lengthening) を論じたものに小倉美恵子 (1980)，上梨恵子 (1990)，中尾俊夫・寺島廸子 (1982)，松下知紀 (1987〜94) 等があり，強勢二重語 (stress doublets) を論じたものに中尾俊夫 (1977)，笹川潤子 (1987) などがある。多少とも実証的な研究には，個々の音の発達を論じた荒木一雄 (1964〜75)，飯塚茂 (1958)，平郡秀信 (1981，82) 等があり，脚韻と綴り字に基づく実証的な発音研究に池上昌 (1981〜97) がある。とりわけ，デンマークの学術誌 *NOWELE* (Odense University Press) 第 30 号 (1997) に掲載された池上昌 "Rhyme Evidence of the Great Vowel Shift in *The Ashmole Sir Ferumbras* (c.

1380)" は大母音推移研究に対する，わが国からの貴重な貢献である。また Chaucer, *Gawain*-poems, *Emarê, Paston Letters* 等の音韻を分析したものもある。ここでも最上雄文「Chaucer 語彙の音声表記」(1981-83) が有用である。

　近・現代英語に関する音声・音韻研究は50年代に入って大幅に増加する。現代英語の音声学から，現代英語音韻論，音変化を扱った音韻史，音と綴り字，等々，実に様々な研究が発表されている。単行本も入門書，概説書まで含めると相当な数にのぼる。主なものを発行年次順にあげる。安井稔『音声と綴字』(研究社，1955)，笠原五郎『英語イントネーションの構造』(研究社，1956)，太田朗『米語音素論―構造言語学序説―』(研究社，1959)，小栗敬三『英語音声学概論』(篠崎書林，1962 [1953¹])，安井稔, *Consonant Patterning in English* (研究社，1962)，安倍勇『英語イントネーションの研究』(研究社，1963)，高本捨三郎, *New English Phonology: A Contrastive Study of English and Japanese Pronunciation* (南雲堂，1969)，小泉保・牧野勤『音韻論Ⅰ』(大修館書店，1971)，筧寿雄・今井邦彦『音韻論Ⅱ』(大修館書店，1971)，枡矢好弘『英語音声学』(こびあん書房，1976)，近藤達夫『英語の母音』(神戸市外国語大学，1979)，西原忠毅『音声と意味―現代英語における語音感の研究』(松柏社，1979)，渡辺和幸『現代英語のイントネーション』(研究社，1980)，竹林滋『英語音声学入門』(大修館書店，1982)，桑原輝男ほか『音韻論』(研究

社，1985），島岡丘・佐藤寧『最新の音声学・音韻論―現代英語を中心に―』(研究社，1987)，染田利信『音韻論の諸問題』(人文書院，1987)，渡辺和幸『英語イントネーション論』(研究社，1994)，竹林滋『英語音声学』(研究社，1996) 等である。とりわけ，枡矢氏の『英語音声学』(1976) と竹林氏の『英語音声学』(1996) は，たまたま同じ書名であるが，ともにイギリス音声学の伝統の上に立って書かれた大部の，本格的な音声学研究書である。また枡矢氏は，音声，書記体系，音節，強勢，音調，韻律学に関する13篇の自選英文論文集 *Phonetics and Phonology: Selected Papers* (こびあん書房，1997) も，最近上梓している。

　発音辞典類では，世界に類を見ない有用なものとして，大塚高信・寿岳文章・菊野六夫共編『固有名詞英語発音辞典』(三省堂，1969) がある。地名・人名など92,500項目を収録し，そのすべてに発音 (音声記号と表音方式は Jones 式) を示したユニークな辞典である。10年以上の歳月を要した困難な仕事であったという「はしがき」の述懐も充分納得できる労作である。

　論文では，20世紀後半の音韻論研究をリードしてきた荒木一雄氏の業績が傑出している。初期近代英語の発音や強勢に関する実証的，理論的研究，さらには音韻史，音韻論に関する諸論考 (1955～95) を通して，この分野の水準向上に多大な貢献をしたことは特筆されるべきであろう。ほかに，初期近代英語

の発音を実証的に論じたものに，林哲郎（1955, 57），日下部徳次（1958～85），菊野六夫（1960, 68），三井高敬（1967），平郡秀信（1976～92）等がある。とりわけ平郡氏の一連の論文は，初期近代英語の母音に関する詳細な研究である。18世紀英語の音変化を論じたものに小野捷（1982）がある。また大母音推移を扱ったものに窪薗晴夫（1980, 82）など数篇があるが，いずれも理論的な研究である。

　現代英語音声学に関するものは数多いが，とりわけ顕著な業績を上げているのは安倍勇，竹林滋，小栗敬三，枡矢好弘の各氏である。ほかにも小嶺幸祺，河野守夫，斎藤弘子，酒向誠，添田裕，谷口雅基，都築正喜，友部隆教，中野一雄，西原忠毅，平野ムメヨ，御園和夫，渡辺和幸氏らの論文が注目される。実験音声学は比較的少なく，片山嘉雄，兼子尚道，竹蓋幸生，長瀬慶来氏らの研究が主なところである。音韻理論，現代英語音韻論，とりわけ生成音韻論的なものは，非力な筆者にはその一部を理解することすら容易ではないが，伝統的な視点からも参考になるものとして，今井邦彦，大江三郎，太田朗，筧寿雄，黒川新一，水光雅則，染田利信，林栄一，森島一雄，安井稔氏らの研究を挙げておきたい。

　岩崎民平氏ら先達のすぐれた業績もあって，現代英語の音声学に関する研究の蓄積は決して小さなものではないし，すぐれた成果も数多く生み出されている。一方，実験音声学的研究は，すでに1930年代に兼弘正雄，千葉勉氏らの先駆的研究が

あるにもかかわらず，今日では非常に少ない。しかしこの方面は，今後，電子機器やパソコン等を活用した研究が増えることも予想される。近年活発な理論的研究は，言語理論の展開とのからみで今後も減少することはないであろうが，門外漢には益々理解が困難な分野になりつつあるように思われる。音韻史研究さえ理論的研究が主であり，それを補完すべき実証的研究は多いとはいえない。古・中英語はもちろん，近代英語も例外ではない。大母音推移の研究さえ充分に行われているとは言えないのであるから，まして18, 19世紀の音変化の実態を記述したものはほとんどない。音韻史研究の進展のためにも，記述研究の一層の充実が望まれるところである。

3.8 形態論

形態論（あるいは語形論）は，統語論とともにいわゆる文法（grammar）を構成する分野である。場合によっては複合，派生による語形成を含むこともあるが，本書ではこの語形成は語彙論で扱うことにして，各品詞の活用形や語形変化をあつかう部門のみに限定して関連文献を概観する。

従来から英語史の書物といえば実質上音韻論と形態論で終わり，統語論やその他の分野は申し訳程度にふれられるのが一般的であった。わが国の英語学研究に大きな影響を及ぼしたSweet や Jespersen らも（語形成を含む）形態論を重視してい

た。その意味では，わが国の英語学徒も，かつては否応なしに古英語から近・現代英語にいたる形態論にはなじみがあったはずである。事実，すでに大正時代に市河三喜氏の「不規則動詞の Conjugation に就て」(1918) が発表されている。しかし，その後の関係文献は意外に少ない。欧米での研究が進んでいて，貢献できる余地が少ないという印象を与えたのかもしれない。

まず通時的な研究であるが，20世紀も後半の文献しかない。3人称単数現在形の語尾 -s の歴史（中島邦男 1954，中尾俊夫 1961），属格語尾の変遷（真鍋和瑞 1963，小野捷 1990），代名詞の歴史（間島定雄 1958，久保内端郎 1993），動詞の類推変化を扱ったもの（毛利秀高 1963～64，山本淳二 1970），屈折形消失の原因に関する史的考察（北村達三 1952）などが目につく程度である。

古英語を対象とした研究はきわめて少ない。強変化動詞，弱変化動詞，名詞の屈折を扱ったものが多少見られるぐらいである。

中英語関係では，古英語の末期から始まった屈折語尾の衰退という興味深い問題もあって，研究文献もやや多くなる。まず挙げるべきは，小林栄智, *The Verb Forms of the 'South English Legendary'* (The Hague: Mouton, 1964) であろう。13世紀末の聖者伝集 *South English Legendary* (MS Harley 2277) の動詞形を詳細に記述したもので，形態論に関するわが

3.8 形態論　81

国唯一の研究書である。論文としては，岸田隆之（1988〜95）が中英語，特に初期中英語における限定詞や代名詞の対与格融合の実態を詳細に記述している。個別作家・作品では，*Peterborough Chronicle*（清水周裕 1961），*Ancrene Riwle*（土屋唯之 1983〜90），Laȝamon's *Brut*（岩崎春雄 1981〜86），*Morte Arthure*（鈴木榮一 1970），*Paston Letters*（大島巌 1974〜79），Malory（中尾祐治 1963〜90）等に関する手堅い研究がある。

　近・現代英語に関しては，20世紀前半のものは，冒頭でふれた市河三喜「不規則動詞の Conjugation に就て」（1918）や小林英夫「補充法について」（1935）など数点しかない。後半になっても微増に終わっている。屈折語尾がほとんどなくなり，残存したものも安定化したことと無関係ではないであろう。例外は，初期近代英語にあっても揺れていた3人称単数現在形の動詞語尾である。資料が限られてはいるが，松田裕（1954），成沢義雄（1968），石澤千代吉（1985）等が，-s と -th の競合を調査している。

　わが国で形態論に関する本格的な研究が始まったのは50年代に入ってからであるが，中英語を除けば質量ともに低調と言わざるをえない。ヨーロッパでは，古，中英語に関するこの種の研究は早くから行われてきたし，19世紀後半以降欧米で出版された刊本テキストには，通例形態に関するかなり詳細な記述が含まれている。にもかかわらず残された課題は少なくない

ように思われる。中英語期，とりわけ初期中英語における，それぞれの品詞の屈折語尾の消失過程を，それも方言別に明らかにすることや，近代英語期に入っても確立に時間のかかった属格語尾に関する実証的な研究などである。取りあえずは身近にある中英語や初期近代英語のテキストのうち，これまで一度も調査されたことのないものについて徹底的に記述することから始めてみてはどうであろうか。どんなささいなことであれ，新知見が得られるはずである。

3.9　統語論

　市河三喜氏の研究が示すように，わが国における本格的な英語学研究の始まりは英文法の研究であり，言い換えれば統語法（syntax）の研究であった。以後，質量ともに最も成果を上げているのがこの分野である。別の項目で扱う〈語法研究〉も統語法に関するものが大半であり，〈総説・一般〉，〈個別作家・作品の言語〉等に含まれているものまで入れると，統語法関連の研究文献数は，筆者らの『わが国における英語学研究文献書誌 1900-1996』が収録しているものだけでも約4,000件にのぼる。加えて，かつてはほとんどすべてが実証的研究であったのに対して，近年では理論的な研究が大幅に増加していることもわが国の特徴であろう。以下は，そのうちのごく一部にふれたものである。

まず通時的もしくは複数の時代にまたがる研究から取り上げる。統語法研究に歴史的視点を取り入れた最も初期のものといえば，大正初期の『英語青年』誌上で数回にわたって繰り広げられた市河三喜氏と細江逸記氏による「For to と for ... to」（1916〜17）をめぐる論争あたりであろう。しかし本格的なのは，その数年後の『英文学研究』に掲載された八木又三「Personification の性の研究」（1922）からである。名詞の「人格化」を通して文法的性から自然性への推移を実証した堂々たる論文である。その後のものには，関係代名詞の発達をたどった河合茂（1931），*There* 構文の発達を論じた前島儀一郎（1933）などがある。20世紀前半の業績で，とりわけ注目すべき著作は河合茂『英文法概論』（京極書店，1939）である。広く内外の文献を渉猟し，古英語から近代英語にいたるシンタックスの全般を概観した，当時としては大変な労作であり，今なお有益な書である。[8]

20世紀も後半に入ると，通時的研究関連の著書，論文等は膨大なものになる。とりあえず重要な研究書を刊行年次順に列挙する。山川喜久男『英語における準動詞の発達と特質』（松柏社，1963），福村虎治郎『英語態（Voice）の研究』（北星堂

---

[8] 安井稔「日本の英語学研究」（1969）によると，歴史的な立場に立った本邦最初の英文法書は，河合氏のものより数年早い大塚高信『史的解説高等英文法』（構成社書房，1930）とのことであるが，残念ながら筆者は未入手，未見である。

書店，1965），小野茂『英語法助動詞の発達』（研究社，1969），倉田達『英文法論叢』（篠崎書林，1971-99），藤原博，*Collected Papers on Word Order and Infinitive in English*（学習院大学，1977），真鍋和瑞，*Syntax and Style in Early English: Finite and Non-Finite Clauses c900-1600*（開文社，1979），小倉美知子，*Verbs with the Reflexive Pronoun and Constructions with 'Self' in Old and Early Middle English*（Cambridge: D. S. Brewer, 1989），丹羽義信，*The Function and Development of Prefixes and Particles in Three Early English Texts, 2 vols.*（金星堂，1991-95），永嶋大典，*A Historical Study of Introductory 'There'*（関西外国語大学国際文化研究所，1992）等である。以上のうち，書名から内容が推測しにくい倉田氏の『英文法論叢』（篠崎書林，1971-99）は，主として同族目的語（cognate object）がいつ頃から使用され，どのような変化発達を経て，今日どのような意義・用法をもっているかを，中英語から今日まで克明にたどった研究である。初版（1971）以来増補版3回（1980，1986，1990），別冊増補版が4回（1994，1995，1997，1999）刊行され，理論・実証の両面から議論が深められている。最近のものでは，接続詞・関係詞としての *when* 及び *where* の発達と，非人称受動構文 'It was told him that 〜'から人称受動構文 'He was told that 〜'への発達を詳細に記述した山川喜久男，*Studies in Historical English Syntax*（研究社，1996），古英語と近代英語の比較研究を通して伝統的

な統語論に数々の修正を迫った秦宏一, *Aspects of English Syntax and Style* (秀文インターナショナル, 1997) が特に注目に値する。訳書では, 進行形の発達に関する先駆的な研究である F. Mossé, *Histoire de la forme périphrastique 'être + participe présent' en germanique* (Paris, 1938) が高橋博訳『ゲルマン語・英語迂言形の歴史』(青山社, 1993) として刊行されていることを付記しておきたい。

　上記著書等にまとめられていない論文で, すぐれた通時的研究を少し挙げると, 二重属格を論じた宮部菊男 (1950), 'It is I that am to blame' 型構文の歴史的発達をたどった松浪有 (1961), 語順に関する久保内端郎 (1975〜97), 使役動詞 *make* の発達を論じた寺澤盾 (1985) などがある。ほかにも, 完了形, 準動詞, 受動態, 進行形, 関係代名詞, 非人称構文等の発達を取り上げた論考が目立つ。英訳聖書を資料として, 種々の構文の史的発達をたどったものも多い。言語理論の立場から言語変化を論じたものに, 完了形の発達を論じた池上嘉彦 (1985, 86), 否定構造を論じた宇賀治正朋 (1992), 能動態と受動態の関連を論じた大沢ふよう (1991) 等がある。以下, 対象時代別に瞥見する。

　古英語統語法に関する本格的な研究が現れるのは 50 年代に入ってからである。以後, 時代を下るにつれて急増する。最も多いのが語順研究であり, 次いで多いのが完了形, 関係詞, 否定構造, 不定詞, 仮定法等に関するものである。調査対象は主

として *Beowulf, Apollonius of Tyre, Anglo-Saxon Chronicles*, それに Alfred や Ælfric の散文である。すぐれた成果も多い。単行本には，小倉美知子，*Old English 'Impersonal' Verbs and Expressions* (Copenhagen: Rosenkilde, 1986)，小川浩，*Old English Modal Verbs: A Syntactical Study* (Copenhagen: Rosenkilde, 1989)，さらには文学研究と言語研究が融合した高橋博『古英詩の思想と言語』(開文社，1989) 等がある。個別論文としては，*Beowulf* の統語法の諸相を記述した宮田武志 (1955～86) 及び藤原博 (1959～89)，現在分詞の統語機能の発達を詳述した松浪有 (1958, 66)，*Anglo-Saxon Chronicles* における前置詞の機能を記述した岡富美子 (1966～73)，古英語，とりわけ *Vespasian Psalter* における動詞副詞結合を論じた丹羽義信 (1976～80)，Boethius, *Parker Chronicle*, Bede 等における前置詞を詳細に記述した牧野輝良 (1980～93) などが重要な研究である。ほかにも井出光，植村良一，小野祥子，菅原俊也，菅沼惇，武内信一，遠山菊夫，永野芳郎，三上敏夫，宮崎忠克，宮部菊男，毛利秀高，吉野利弘氏らの諸論考がある。

中英語統語法の研究は，清水時夫 (1939)，五島忠久 (1940) 等が示すように，すでに戦前から見られる。本格的なものが現れるのは，古英語の場合と同じく，50年代以降であり，60年前後から急増する。英語史的にみて統語法が大きく変化した時期でもあり，Chaucer, Langland, *Gawain*-poet ら中世英文学

の巨星の存在も大きく関係しているのであろう。研究テーマとしては，個別作品における統語法の一面を記述したものが最も多い。中でも語順研究が多く，次いで多いのが，関係代名詞，否定文，非人称構文，不定詞に関するものである。ほかに，仮定法，進行形，動名詞，完了形，歴史的現在などを扱ったものもしばしば見受けられる。好んで取り上げられる作家・作品は，*Peterborough Chronicle, Ancrene Riwle, Havelok the Dane*, Chaucer, *Piers Plowman, Gawain*-poems, Wycliffite Bible, *Paston Letters*, Malory 等である。質量ともに最も充実している領域であり，取り上げるべき文献は少なくないが，ここでもごく一部にふれることにする。

まず単行本であるが，桝井迪夫, *The Structure of Chaucer's Rime Words*（研究社，1964），中島邦男, *Studies in the Language of Sir Thomas Malory*（南雲堂，1981），米倉綽, *The Language of the Wycliffite Bible*（荒竹出版，1985），岩崎春雄, *The Language of Laȝamon's 'Brut'*（研究社，1993），樋口昌幸, *Studies in Chaucer's English*（英潮社，1996）については〈個別作家・作品の言語〉のところですでにふれた。特定のテーマに関して，中英語全体を視野に入れた研究は意外に少なくて，2点しかない。中英語の主要文献をほとんどすべて調査した上で，方言や文体にも配慮して，動名詞が諸々の動詞的性質を発達させる過程を詳細に記述した田島松二, *The Syntactic Development of the Gerund in Middle English*（南雲堂，

1985) と，調査資料は限られているが，主として主語機能と目的語機能の不定詞の発達を記述した真鍋和瑞，*The Syntactic and Stylistic Development of the Infinitive in Middle English*（九州大学出版会，1989）である。ほかに，Chaucer や 15 世紀の統語法を論じた須賀川誠三『構造・意味の分化―英語史研究』（ニューカレントインターナショナル，1987），語順に関する考察を含む貝原洋二『『尼僧の戒律』の言語と表現』（渓水社，1988）等がある。

　論文は，個別作家・作品の統語法を記述したものが大半である。対象となった作品を制作年順にあげると，*Peterborough Chronicle*（永野芳郎 1961, 70, 藤原博 1990, 中村幸一 1993），*Ancrene Wisse/Riwle*（久保内端郎 1975, 95, 和田葉子 1983, 89, 柳さよ 1980〜95），Katherine Group（柳原伊織 1968〜73），Laȝamon's *Brut*（岩崎春雄 1968, 77），*The Owl and the Nightingale*（出本文信 1973〜93），*Cursor Mundi*（篠田義博 1976〜79），Rolle（岡富美子 1962, 63, 久保内端郎 1977〜82）などである。14, 15 世紀の作家・作品となると，Chaucer 関係が圧倒的に多く，主なものだけでも桝井迪夫（1951〜57），三浦常司（1959〜68），山根周（1960〜82），三宅鴻（1964〜68），小川浩（1966〜76），笹川寿昭（1968〜93），小野茂（1969〜89），内田尚（1972〜85），伊藤栄子（1978），樋口昌幸（1986〜90）等がある。さらに，Gower（*Confessio Amantis*）については岩崎春雄（1969〜88），大槻博（1980

〜95), *Gawain* 詩群に関しては酒井倫夫 (1958〜96), 中尾俊夫 (1962〜65), 水鳥喜喬 (1968〜69), 田島松二 (1970〜78), *Piers Plowman* については三浦常司 (1961), 田島松二 (1966〜68), 伊藤孝治 (1975〜94) 等がある。15世紀散文を代表する Malory 研究も多く, 宇賀治正朋 (1960), 中尾祐治 (1961〜95), 中島邦男 (1964〜80), 加藤知己 (1965), 松原良治 (1971〜77), 木村建夫 (1972〜73), 岡田忠一 (1973〜82) などがある。*Cely Letters* については中島邦男 (1981〜90), Wycliffite Bible については米倉綽 (1976〜85), 相田周一 (1987〜93), *Paston Letters* については岸田直子 (1988〜92), 村上増美 (1989〜91), Caxton については安藤栄子 (1976〜94) 等が主なものである。上記以外では, 家入葉子, 石井旭, 衛藤安治, 唐木田茂明, 齊藤俊雄, 酒井倫夫, 清水時夫, 杉山隆一, 寺澤芳雄, 町田尚子, 宮部菊男, 水谷洋一氏らが手堅い実証的研究を発表している。理論的研究には岸田直子 (1978〜94), 児馬修 (1987〜95) などがある。

　近・現代英語の統語法研究は群を抜いて多い。よく取り上げられるテーマは, 関係代名詞, 仮定法, 助動詞 Do, 完了形, 進行形, 不定詞, 時制とアスペクト, 同族目的語 (cognate object) などである。調査対象も, Ascham, Shakespeare, Marlowe ら初期近代英語期の作家・作品, 欽定訳聖書等の英訳聖書, さらには 17, 18, 19 世紀の Pepys, Dryden, Fielding, Defoe, Goldsmith, Austen, Dickens 等である。

20世紀前半の研究では，先にふれた市河三喜『英文法研究』（1912）を別とすれば，最も早い論文は大正期に入って間もない『英語青年』に連載された喜安璡太郎「Present Participle に就て」（1913）や市河三喜「聖書の言語的研究」（1917）である。後者は米国の学術誌 *Studies in Philology* 第2号（1907）に掲載された J. M. Grainger, "Studies in the Syntax of the King James Bible" を紹介したものである。その次が『英文学研究』所載の中山竹二郎「Shakespeare に於ける Subjunctive Mood」（1927），山本忠雄 "On Impersonal Expressions"（1930），大塚高信「英語の Aspect に関する一試論」（1931）あたりである。単行本は，わが国最初の体系的，科学的文法書ともいうべき細江逸記『英文法汎論』（文会堂書店，1917；新版，篠崎書林，1971）が大正中期に刊行されている。また細江氏には，昭和初期の『動詞時制の研究』（泰文堂，1932）や『動詞叙法の研究』（泰文堂，1933）もある。同じ頃刊行されたものに，叢書〈英語英文学講座〉（英語英文学刊行会）所収の岩崎民平『副詞・接続詞の研究』（1933），法邑清三『名詞・代名詞の研究』（1933），南石福二郎『英語構文の研究』（1933），鈴木重威・大塚高信『形容詞・冠詞の研究／動詞・助動詞の研究』（1933），市河三喜『英文法概論』（1934），山本忠雄『現代英語のシンタックス』（1934）といった小冊子がある。さらには細江逸記『精説英文法汎論』（泰文堂，1942；訂正新版，1966），山本忠雄『英語文章法』（研究社，1940），大塚高信『英文法の知識』

(三省堂，1941，1956²)，斎藤静『英文法概論』(白桃書房，1948)，吉川美夫『英文法詳説』(文建書房，1949；増補改訂版，1955)等が刊行されている。これら細江，大塚，吉川氏らの文法書に類するものに，時代は少し下るが，江川泰一郎『英文法解説』(金子書房，1953，1964²，1991³)があり，斎藤氏の『英文法概論』の新版にあたる山口秀夫『新英文法概論』(篠崎書林，1971)もある。また，50年以前の論文には，上記喜安氏らのもの以外に，大塚高信，斎藤静，佐々木達，中内正利，細江逸記，山本忠雄氏らのものがある。

　50年代以降発表された研究文献は，単行本，論文ともに相当な数にのぼる。まず，それぞれの時代の研究動向を反映した〈英文法シリーズ〉(研究社，1954-55)，〈現代英文法講座〉(研究社，1957-59)，〈現代の英文法〉(研究社，1976-)，〈講座・学校英文法の基礎〉(研究社，1982-85)といった叢書がある。当代を代表する研究者の筆になるもので，執筆時点での内外の研究成果を批判的に取り入れ，場合によっては大幅に独自の見解を盛り込んだものもある。これらのうち，いくつかは該当個所で取り上げているので，ここではこれ以上ふれない。

　16～19世紀の英語を対象とした研究書には，きわめて重要な成果が数点ある。初期近代英語の命令文を，広範な資料調査を踏まえて，理論，実証の両面から明らかにしようとした宇賀治正朋，*Imperative Sentences in Early Modern English* (開拓社，1978)，〈個別作家・作品の言語〉の項でもふれたが，Shakespeareと同時代の劇作家 Marlowe の動詞統語法を詳述した安藤貞雄, *A Descriptive Syntax of Christopher Marlowe's Language*（東京大学出版会，1978），17世紀から19世紀前半の散文を資料として *when, while* などに導かれる時の副詞節の構造を分析した小野捷『英語時間副詞節の文法』（英宝社，1984）である。いずれも当時の（変形）生成文法の枠組みを用いたものではあるが，理論的枠組みに関係なく，事実のもつ重みが感じられる豊富な用例は有用である。ほかには，前置詞や語順を記述した横井雄峯『The Authorized Version の言語構造』（英潮社，1978）がある。訳書には，宮部菊男・藤原博・久保内端郎訳／W.フランツ『初期近代英語の研究』（南雲堂，1991）がある。初期近代英語の代名詞，副詞，接続詞，前置詞の統語法に関するすぐれた研究（原文はドイツ語）が，こなれた日本語で利用できることはありがたい。

　論文には Shakespeare の様々な現象を実証的に論じたものが多い。関係代名詞を記述した荒木一雄（1955〜65），太田朗（1955），水野政勝（1992〜94），迂言的 do の発達を記述した川崎潔（1984〜92）や古庄信（1987〜95），未来表現を論じた有泉敬次郎（1982〜88）などである。Marlowe の準動詞を記述した水野政勝（1977〜81）もある。また，Roger Ascham の統語法の諸相を記述した稲積包昭（1973〜80），Thomas Deloney の統語法を記述した和田章（1961〜94），新井洋（1975〜96），Authorized Version ほか各種英訳聖書の統語法

を記述した寺澤芳雄 (1958, 65), 盛田義彦 (1968〜96), 川崎潔 (1970〜94), 深山祐 (1971〜85), 橋本功 (1976〜91), 奥浩昭 (1991〜95) 等もある。時代は下って, Dryden の仮定法や関係代名詞等を記述した入江啓太郎 (1962〜91), Pepys's *Diary* を中心に 17-19 世紀の日記・書簡の言語を観察した中村不二夫 (1981〜96), Defoe や Swift の統語法を記述した亘甫 (1958〜77), Jane Austen の準動詞等を論じた田中逸郎 (1992, 94) 等もある。最近では, 末松信子 (1997〜) が Austen の全作品を調査して, その統語法を史的観点から記述する作業を継続しており, 松元浩一 (2000〜) は初期近代英語における二重目的語構文の発達過程を明らかにしつつある。ほかにも, 初期近代英語, あるいは 18, 19 世紀英語の統語法に関して, 石澤千代吉, 上野義和, 小野捷, 齊藤俊雄, 山川喜久男氏らがすぐれた研究を発表している。

現代英語に関する単行本は, 〈総説・一般〉の項で取り上げたもの及び各種叢書を除いて, 大塚虎男, *Studies in the Aspect of the English Verb* (私家本, 1955), 主に Jespersen の統語論を扱った森正俊, *Studies in English Syntax* (開拓社, 1960), 太田朗, *Tense and Aspect of Present-Day American English* (研究社, 1963), 梶田優, *A Generative-Transformational Study of Semi-Auxiliaries in Present-day American English* (三省堂, 1968), 小西友七『英語の前置詞』(大修館書店, 1976), 織田稔『存在の様態と確認—英語冠詞の研究—』

(風間書房, 1982), 村田勇三郎『機能英文法』(大修館書店, 1982), 木下浩利『英語の動詞—形とこころ—』(九州大学出版会, 1991, 1996²), 宮原文夫, *Aspect as an English Grammatical Category* (松柏社, 1996), 大庭幸男『英語構文研究—素性とその照合を中心に—』(英宝社, 1998)などが主要なものである。なお, 叢書〈現代の英文法〉中の第4巻, 長谷川欣佑ほか『文Ⅰ』(研究社, 2000)は生成文法の枠組みによる最新の成果である。論文では, 長年にわたって *as* の機能を論じた小川明 (1981〜94), 二重目的語構文を調査した楠田震 (1955〜79)等が注目に値する。ほかにも, 内容にふれるゆとりはないが, 大江三郎, 栗原豪彦, 空西哲郎, 毛利可信, 安井稔, 山崎努, 吉川美夫, 若田部博哉, 和田四郎氏らがすぐれた論考を発表している。

　以上, わが国の統語法研究を概観したが, 早くから本格的な研究が行われてきた分野でもあり, 質量ともに最もすぐれていると言ってよいであろう。とりわけ古英語, 中英語, 初期近代英語に関しては, 70年代以降国際的にも通用する著書や論文が着実に増えている。他方, 論文は特定の作家・作品の統語法の一面を記述したものも多く, それも一部の作家・作品, 一部のテーマに偏しており, 従って同一テキスト, 同一テーマの記述研究も少なくない。記述に必要な時間, 労力を考えると何とももったいないことである。その点からも, (ことは何も統語法だけに限られた問題ではないが,)これまで国の内外でばら

ばらに蓄積されてきた特定のテーマなり，個別作家・作品の統語法に関する記述研究を集大成する仕事も急務ではなかろうか。近代英語統語法の Otto Jespersen, *A Modern English Grammar* (Copenhagen & London, 1909-49)，中英語統語法のT. F. Mustanoja, *A Middle English Syntax* (Helsinki, 1960)，史的統語法の F. Th. Visser, *An Historical Syntax of the English Language* (Leiden, 1963-73)，古英語統語法の Bruce Mitchell, *Old English Syntax* (Oxford, 1985) から，20世紀後半の研究者が計り知れない恩恵を受けたように，これから統語法を目指す若い学徒にとって的確な研究上の指針を与えることにもなるであろう。

　史的展望を踏まえた上での，厳密な記述研究は今後も大いに奨励されるべきであろう。国の内外で研究が集中している感のある *Beowulf* や Chaucer, Shakespeare でさえ，統語法を体系的，包括的に記述したものは皆無に等しい。それほど大規模でなくても，本格的な研究が待たれている領域はほかにもまだまだ多い。例えば，'Scottish Chaucerians' と称される William Dunbar, Gavin Douglas, Robert Henryson ら Middle Scots の研究である。また，今日の統語法が事実上確立する時期にあたる 17-18 世紀英語の研究もそれほど多くない。現代英語の研究も，近年は理論研究の対象として微細な現象ばかりが取り上げられる傾向にあるが，広範囲にわたる新たな記述研究が必要な時期にきているのではないだろうか。(海外における，その種

の最新の成果に，約4千万語のコーパスに基づいて現代英語の文法を記述した Douglas Biber, et al. *Longman Grammar of Spoken and Written English*（London: Longman, 1999）がある。）

3.10　語彙・語形成論

　語彙論（lexicology）の対象，範囲は意味論，文体論，辞書学，日英語比較研究等と重複することが多く，境界も判然としない。また，語形成論（word-formation）は形態論の一部として扱われることもある。ここでは成句を含む語（word）や語彙（vocabulary），それに複合（composition），派生（derivation），混成（blending），逆成（back formation）等による語形成に関する研究を概観する。

　語彙研究は量的には決して少なくないが，啓蒙的な著述との境界が判然としないものが多い。ある意味ではこの分野の特徴とも言えよう。今日でもしばしば見かける類の，語句の紹介的な論文はすでに20世紀初頭からみられる。『英語青年』には市河三喜（1911〜16）をはじめ，岩堂保（1912），石川林四郎（1913, 16），増田藤之助（1914, 16），一宮榮（1916），大橋榮三（1915〜17），澤村寅二郎（1916），鶴見正平（1916），長澤英一郎（1916），土居光知（1925〜26），本多學児（1925）等があり，『英語教育』の前進ともいうべき『英語の研究と教授』

には大塚高信（1934〜38）などがある。そこでは語源や語彙の背景，借用語，品詞転用，固有名詞の普通名詞化，野球英語，カバン語等が紹介されている。単行本には，久野朔郎氏の『英単語のロマンス』（研究社，1925），『大戦後の英語』（新英米文学社，1933），『英語の語彙及造語法と語源』（研究社，1941）のほかに，堀英四郎『慣用語の研究』（新英米文学社，1933），石井三郎『英語の類語について』（英語英文学刊行会，1934），木坂千秋『英語と外国語との相互影響（附　借用語論）』（研究社，1941）がある。20世紀前半の本格的な論文には，須貝清一 "Three Stages in the French Contribution to English" (1932)，石黒魯平 "Some Notes on English Etymology" (1932)，前島儀一郎「古代英詩の語彙の特質について」(1932)，市河三喜「数詞について」(1935)，佐々木達「英語の語義について」(1937) のほか，Chaucer の語彙を論じた中山竹二郎（1935, 38），聖書的表現を取り上げた清水護（1932, 33），慣用句に関する乾亮一（1941〜42），語形成に関する八木毅（1941）などがある。

　50年代以降は単行本，論文ともに急増するが，本格的な通時的研究あるいは包括的な語彙論と呼べるようなものは，残念ながら未だ刊行されていない。（通時的研究の集大成ともいうべき寺澤芳雄編『英語語源辞典』（研究社，1997）については〈特殊辞典・ほか〉の項でふれる。）その欠落を補ってくれるのが，大泉昭夫氏による独・仏書からの単独もしくは森本英夫

氏との共同訳業である。すなわち，英語語彙の歴史を網羅的に概観したマンフレート・シェーラー（Manfred Scheler）の『英語語彙の歴史と構造』（南雲堂，1986）をはじめ，ポール・バケ（Paul Bacquet）の『英語の語彙』（白水社，1976）と『英語の語源』（白水社，1978），さらにはジャン＝ジャック・ブランショ（Jean-Jacques Blanchot）の『英語語源学』（白水社，1999）である。わが国のものには，借入語に関する論文をまとめた三輪伸春『英語の語彙史―借入語を中心に』（南雲堂，1995）と，主として中英語とシェイクスピアを資料とした須賀川誠三『英語色彩語の意味と比喩―歴史的研究―』（成美堂，1999）がある。最近，海外で刊行されたイディオムやコロケーション関係の論文集に Laurel J. Brinton & 秋元実治編, *Collocational and Idiomatic Aspects of Composite Predicates in the History of English* (Amsterdam & Philadelphia: John Benjamins, 1999) がある。'do', 'give', 'have', 'make', 'take'＋deverbal noun 構造, complex preposition (e.g. *on account of*) 及び phrasal verb の OE から現代英語に至る通時的研究で，わが国からは，秋元実治，松本明子，田辺春美の3氏が寄稿している。

　語源に関する一般書も多数刊行されている。主要なものに，太田垣正義『英語の語源 I , II』（創元社，1978，1981），荒木源博『英語語彙の文化誌』（研究社，1983），梅田修『英語の語源物語』（大修館書店，1985），伊藤忠夫『英語の社会文化史―

季節名から文化の深層へ』(世界思想社, 1988), 渡部昇一『英語語源の素描』(大修館書店, 1989), 梅田修『英語の語源事典—英語の語彙の歴史と文化』(大修館書店, 1990)等がある。いずれも一読に値する有益な書である。

　通時的な論文としては, 英語におけるヘブライ借入語を論じた寺澤芳雄 (1986, 88) や, 運動を表す動詞の意味構造を論じた池上嘉彦 (1984) が重要である。ほかに, 借入語 (新長馨 1966～67, ほか) や色彩語 (郡司利男 1958, ほか) に関するものや, *she, nice, and* など特定の語の歴史をたどったものが多い。語源研究に際して心得ておくべき課題は, 日本中世英語英文学会の機関誌 *Studies in Medieval English Language and Literature* 第5号 (1990) 所載の寺澤芳雄「語源研究の課題」に的確に述べられている。以下, 対象時代別に見てみよう。

　古英語関係では, 本格的な研究に丹羽義信『古代英語動詞接頭辞 *Ge-* の研究』(松柏社, 1973) と寺澤盾, *Nominal Compounds in Old English: A Metrical Approach* (Copenhagen: Rosenkilde, 1994) がある。論文では, 質量ともに群を抜いているのが小野茂氏の一連の研究 (1975～94) である。古英語の認識動詞 (*cunnan, witan, ongitan, undergitan, understandan,* 等) 及び所有を意味する動詞を詳細に記述し, その方言的・時代的差異を, 歴史的・文化的背景を考慮にいれて明らかにしている。(これらの論文は後に小野氏の『英語史の諸問題』(南雲堂, 1984) や *Early English Syntax and Vocabulary* (南雲堂,

1989)等に収録されている。)個別作品を対象とした語彙研究には，*Beowulf* に関する衛藤安治（1986～93），佐藤修二（1984～89），渡辺秀樹（1985～88）等，*Exodus* に関する宮崎忠克（1990～94）などがある。ほかにも，古英語における同意語，句動詞，廃語等を，畝部典子，小池一夫，武内信一，丹羽義信，三上敏夫，最上雄文，山縣宏光，山内一芳氏らが論じている。久保内端郎氏らによる *Key-Word Studies in 'Beowulf'*（中世イギリス研究資料センター）1-3（1984-90）所収の諸論文もユニークな試みとしてここで挙げておく。

　中英語期の語彙は本来語に加えて，その初期には北欧語，アングロ・ノルマン語からの借入，後にはアングロ・ノルマン語に代わってパリのフランス語からの借入が最高潮に達する。宗教・学問の用語としてのラテン語からの借用も引き続き行われていた。このような事情を反映してか，わが国でも中英語の語彙研究はきわめて盛んである。しかしまとまった研究となると，最近刊行された岡富美子，*Investigations on Courtly Words and Others*（国文社，1997）のみである。主として *lemman, leof* などの宮廷風恋愛用語に関して，その語義，用法をいくつかのテキストで詳しく検討したものである。

　論文も中英語期全体を視野に入れたものは，運動の動詞を扱った松浪有（1985），'as he/she that'という成句を論じた中尾佳行（1995）ぐらいである。後者は海外の学術誌 *NOWELE* 第25号に掲載されたものである。大半の論文は Chaucer,

Gawain-poems, Gower, Layamon's *Brut, The Owl and the Nightingale* などの個別作家・作品における語彙や借入語を分析したものである。圧倒的に多いのが Chaucer に関するものであり，さらには頭韻詩，あるいは脚韻詩に見られる同義語（句）の研究である。が，単に用例を集めただけのものも少なくない。Chaucer については，語彙の性質や借用語の意味的特性を分析した先述の中山竹二郎（1935, 38），イタリック系要素を分析した上野景福（1948）などが 20 世紀前半の主なものである。後半では Chaucer の翻訳語彙を論じた大泉昭夫（1968〜71），Chaucer が初めて使用したラテン語とフランス語を検証した保谷一三（1979〜96），複合，派生等による語形成を分析した下笠徳次（1968〜88），及川典巳（1973〜80），岩下生栄（1991〜94）等がある。ほかにも菅野正彦，北村一郎，地村彰之，樋口昌幸氏らの研究がある。岩崎春雄（1984〜90）や高宮利行（1984）等を含む *Key-Word Studies in Chaucer*（中世イギリス研究資料センター）1-3（1984-90）もここに挙げておく。初期中英語の語彙を論じたものには，小野祥子（1993〜95）や和田葉子（1994）がある。種々のテキストについて語彙全般，特定語，成句，借用語，難語等を分析したものに，岩崎春雄（1986, 90），篠田義博（1984〜93），柴田省三（1958〜65），鈴木榮一（1977〜87），平岡照明（1972〜92），松本博之（1983〜95），最上雄文（1978〜95），米倉綽（1982〜96）等があり，色彩語を記述したものに吉村耕治（1984

〜92）等がある。田辺春美（1990〜94）は，後期中英語における句動詞の発達をたどっている。中尾祐治（1983〜91）はMaloryのWinchester版とCaxton版の語彙の異同を比較したものであり，小黒昌一ほか（1991〜92）は『マンダヴィル旅行記』の散文版及び韻文版の語彙比較にパソコンを利用したものである。

　初期近代英語期は，借入語の増大，新語形成もあって英語の語彙が一層豊かになった時代である。そのためか，わが国でも近・現代英語の語彙に関する研究は多い。Shakespeare, Marloweあたりから20世紀前半頃までの英米作家・作品の語彙，欽定訳聖書など英訳聖書の語彙，18世紀初頭のThe Spectatorから最近のTime, Newsweek, Daily Mail等に至る新聞雑誌類の語彙，さらにはアメリカ文化と野球英語や料理英語との関係を論じたものまで，日常生活のあらゆる面に関連した語彙が研究対象になっている。成果も，本格的なものから啓蒙・紹介的なものまで様々である。精神史，文化史的な観点からの研究もある。

　本格的な研究には，まず上野景福『語形成』（研究社，1955）がある。20世紀中頃までの欧米の成果を集大成したもので，長い間，語形成に関するわが国唯一の研究書であった。90年代に入って，生成文法理論の枠組を用いて，英語の語形成の生産性の概念を解明しようとした島村礼子『英語の語形成とその生産性』（リーベル出版，1990）が刊行された。服部四郎『英

語基礎語彙の研究』(三省堂, 1968) は「コレ, アレ, ソレと this, that」,「衣服に関する語彙」など, 基本的な語彙に関する日英語両語の意義素の比較対照研究である。小野捷, *Studies in Idiomatic Expressions of Eighteenth-Century English* (大明堂, 1985) は 18 世紀 (一部 17 世紀を含む) の散文に特有の語句を, 人間, 身体, 食物など意味に従って類別し, 豊富な用例とともに史的考察を加えて, 当時の用法を浮き彫りにしたもので, 18 世紀英語研究の貴重な成果である。ほかにも, 田中秀央『英語の語構造―西洋古典語からみた―』(泉屋書店, 1975), 英語の中の外来語や特殊語彙等を論じた上野景福『英語語彙の研究』(研究社, 1980, 1985^2), 主として OED の CD-ROM 版を利用して, シェイクスピアが使用した新語, 新語義を調査し, その全リストを提示した岡村俊明『シェイクスピアの新語, 新語義の研究』(渓水社, 1996) といった研究がある。イディオムやコロケーションに関するものに, 秋元実治氏の *Idiomaticity* (篠崎書林, 1983),『英語イディオムの研究』(篠崎書林, 1986) 及び *A Study of Verbo-Nominal Structures in English* (篠崎書林, 1989) がある。コンピューターを使った先駆的語彙研究としては, 独自のデータベースを利用して語彙頻度を調査した竹蓋幸生『コンピューターの見た現代英語―ボキャブラリーの科学』(エデュカ出版部, 1981) を挙げておく。(なお, 柴田省三『語彙論』(1975) については〈英語学史〉の項でふれた。)

論文は多種多様であり，ふれるべきものは多いが，紙幅の都合で重要なものを少し挙げる。Shakespeare に関するものでは，複合語を論じた三井高敬（1962〜82）が最も詳細であり，ほかに山本忠雄（1958），嶺卓二（1980, 83）がある。また，Marlowe の形容詞等を取り上げた梅田倍男（1964〜68），Clarissa Harlowe や *The Spectator* の語彙を論じた伊藤弘之（1958〜72），ケルト語借用語を詳しく扱った伊藤光彦（1981〜93），18世紀の隠語，俗語，臨時語を幅広く収録した小野捷（1884〜87），17-19世紀のドイツ語借用語を取り上げた芝垣哲夫（1979, 80），OED 未収録の初期近代英語の表現，語義を収集した和田章（1992）等も見逃せない。聖書特有の表現を論じたものも多い。主なものは，田中美輝夫（1961〜64），畑光夫（1968〜74）などである。ほかにも，種々の接尾辞を論じた新富英雄（1979〜94），前置詞 *on* の意味拡張を掘り下げた松本理一郎（1991〜93）等がある。また，OED 等の初出年代を修正したものや，英米の辞書に採録された日本語，時事英語の語彙を取り上げたものも多い。

　語彙研究は20世紀前半から本格的な研究が行われており，見るべき成果も少なくない。後半になると研究文献数は大幅に増える。が，資料も少なく充分な調査も行われないまま思いつきを論文にしたようなものや，単に用例を集めただけのものも多い。語彙研究に際しては，たとえ現代英語の語彙を取り上げるにしても，OED はもちろん，場合によっては最近完成した

Middle English Dictionary (1952-2001), 一部利用可能な *Dictionary of Old English* (Toronto) 等の関係箇所を精読するべきではないか。語彙研究こそテキストの深い読みに支えられた資料収集が望ましい領域である。特定のテキストを分析する必然性がないのであれば, 調査対象文献は多いに越したことはない。今や, 必要なら電子テキスト, コンコーダンス, データベース等も利用できる時代である。本格的な語彙研究を目指すのであれば, 半世紀も前のものであるが,「取る」という意味の中英語 *nimen* と *taken* という同義語を時代別, 方言別, 作品別に徹底的に調査分析した A. Rynell, *The Rivalry of Scandinavian and Native Synonyms in Middle English, Especially 'taken' and 'nimen'* (Lund, 1948) が差し当たってはいい参考になるし, わが国のものでは小野茂氏の OE の語彙研究が範を示している。

　なお, 海外では盛んであるが, わが国で意外に少ないのが, 古英語から初期近代英語にいたる文学テキストの正確な読みにかかわる 'crux' 研究である。(例えば, 19 世紀中頃に創刊された英国の学術誌 *Notes and Queries* (Oxford) にはその種の研究ノートが毎号掲載されている。) わが国では語義解釈に終始したものが多いが, もっと視点を広げた, 訓詁の学的な語彙研究も奨励されていいのではないだろうか。意味変化の研究には, 文化, 経済など言語外の要因も考慮する必要があろう。また借入語の歴史は, 文化交流と言語接触の歴史でもある。階

層，年齢，性別，使用域等による語彙使用の違いもある。今後の語彙及び借入語の分析にあたっては，このような社会言語学的視点の導入も必要であろう。

3.11 地名・人名学

　固有名詞学（onomastics）とは名前，とりわけ地名・人名の起源や意味，綴り字，用法を主に研究する言語学の一部門である。文学作品に現れる地名，登場人物名等を研究対象とする分野は 'literary onomastics' と称される。わが国では最もなじみの薄い分野であると言って差し支えないであろう。地名研究（toponymy）は地理学，歴史学等と，人名研究（anthroponymy）は系図学，社会学，人類学等と密接に関連しており，学際的とでもいうべき分野である。欧米，とりわけ英国や北欧等においては地名・人名研究の歴史は長く，本格的な研究書はもちろん，学術雑誌，専門書誌すら刊行されている。[9] その主たる活動は，学術誌 *Names* (the American Name Society, 1953-), *Nomina: A Newsletter of Name Studies related to*

---

[9] 書誌には Elsdon C. Smith, *Personal Names: An Annotated Bibliography* (New York, 1952 ; New ed., Detroit: Gale Research, 1965), Richard J. Roberts, *Bibliography of Writings on English Place- and Personal Names* (Louvain: International Centre of Onomastics, 1958/59 [1961]), Edwin D. Lawson の *Peronal Names and Naming: An Annotated Bibliography* (Westport, CT, 1987) 及び *More Names and Naming* (Westprot, CT, 1995) などがある。

Great Britain and Ireland (University of Hull, 1977-), *Onoma: Bibliographical and Information Bulletin* (Leuven, Belgium, 1950-), *Literary Onomastics Studies* (Brockport, NY, 1974-) 等を通して知ることができる。

　英米文化の理解に欠かせない分野であるにもかかわらず，わが国の研究文献は極端に少ない。筆者らの『わが国の英語学研究文献書誌 1900-1996』が収録している文献数もわずかに 34 件である。20 世紀前半の業績としては，早逝した一宮榮氏 (1889-1917) が 20 代で『英語青年』に寄稿した「姓氏雜話」「姓氏雜話補遺」(1917) が最も早いものである。前者は 4 回にわたって英国の姓を職業，地名・地物，綽名，洗礼名に由来する 4 つのグループに分けて，起源や意味を説明しており，後者は Ernest Weekly, *Surnames* (London, 1916) の紹介を行っている。今日でも，研究者のきわめて少ない地名・人名学に，若々しい関心を寄せていた英学徒がすでに大正の初期にいたことに，筆者など感慨を覚えずにはいられない。ほかには，旧約聖書の固有名詞や神の名を扱った清水護 (1936～39)，人名に関する市河三喜 (1947～48)，地名に関する中島文雄 (1943～49) があるぐらいである。すぐれた先達の慧眼はさすがである。

　50 年以降も地名・人名研究は依然として低調であるが，幸いに注目すべき研究も現れている。高く評価されるべきは，木村正史氏の『英米人の姓名——由来と史的背景——』(正続篇 2 巻)

(弓書房，1980，1997)，『アメリカの地名―由来と史的背景―』(弓書房，1983)，『アメリカ地名語源辞典』(東京堂出版，1994) といった一連の著作であろう。ほかは訳書である。L. A. Dunkling, *First Names First* (London, 1977) の抄訳である中村匡克訳／レズリー・アラン・ダンクリング『データで読む英米人名大百科―名前の栄枯盛衰』(南雲堂，1987)は，実際に使用されている膨大な数のファースト・ネームを，使用頻度と歴史的地理的要因との関係で多角的に分析したものである。同一著者によるものに，佐々木謙一訳『ギネスの名前百科』(研究社，1984) もある。中林瑞松・冬木ひろみ・中林正身訳/A. D. ミルズ編『イギリス歴史地名辞典』(東洋書林，1996) は A. D. Mills (ed.), *A Dictionary of English Place-Names* (OUP, 1991)の翻訳で，〈歴史地名篇〉と〈古地名検索篇〉の2巻からなる。現存するイギリスの地名 12,000 余を選び，それらの意味や起源を説明し，遡れる限りの古綴りを挙げている。論文には，Plantagenet 王朝時代を中心に英国のクリスチャンネームを歴史的に考察した井上健三 (1959～63)，シェイクスピアの地誌を論じた竹内豊 (1971～78) がある。

　先述したように，欧米ではこの種の研究はきわめて盛んである。実際の，あるいは小説等に現れる地名・人名研究には関連分野の該博な知識も必要であり，さまざまな困難を伴う。しかし，わが国でも英米文化の一端にふれるこの種の研究がもう少し行われてよいのではないだろうか。地名・人名には語るべき

歴史や物語が無限に込められているのであるから。関心ある向きには，Frank Nuessel, *The Study of Names: A Guide to the Principles and Topics*（Westport, CT: Greenwood Press, 1992）が手頃な研究案内書である。

3.12　辞書学・辞書史

　歴史的にみて英国系辞書は「ことば」の辞書であるのに対して，米国系辞書は百科事典的辞書である，という特徴は今日でも原則的には変わっていない。わが国でも，幕末以来多数の英和辞書が刊行されてきたが，あるものは英国系辞書，あるものは米国系辞書を範として編集されてきた。80年代前後から，新機軸を盛った学習辞典の刊行も英国やわが国では盛んである。当然のことながら語彙論と重なる部分も多い分野であるが，ここでは，英語の辞書を対象とした研究を辞書学（lexicography）としてくくり，辞書編纂の基礎理論である辞書編纂論，英米の関係辞書の解題，さらには英語辞書発達史を中心に，わが国の研究を概観したいと思う。

　『月刊　言語』1995年6月号所載の東信行「〈特集・辞書学のすすめ〉辞書学の誕生」によれば，辞書を研究対象とした真の辞書学の誕生は欧米でも70年代である。確かに，米国の Dictionary Society of North America（1975-），ヨーロッパの European Association for Lexicography（1983-）といった辞書

学関係学会の創設や，*Dictionaries* (1978-)，*International Journal of Lexicography* (1988-) といった専門学術誌の創刊，さらには関係文献の増加も 7, 80 年代である。80 年代半ば以降，海外における辞書学の動きは一層活発になっており，最近では R. R. K. Hartmann & Gregory James (eds.), *Dictionary of Lexicography* (London, 1998) といった専門的な辞書学辞典まで刊行されている。それに呼応するかのように，わが国でも辞書学関係の文献がこの四半世紀の間に急増している。

辞書学という名称に値するかどうかはさておき，早くから英米の様々な辞書の紹介，解説は行われてきた。古くは『英語青年』に掲載された市河三喜「*Concise Oxford Dictionary*: Addenda」(1918) をはじめ，渡邊半次郎 (1928)，黒田巍 (1935)，高橋源次 (1935)，細江逸記 (1941) らが OED, COD, POD, UED 等に関する紹介を行っている。まとまったものとしては，渡邊半次郎『英語辞書類の研究』(英語英文学刊行会，1934) が，OED, COD, POD, LOD, SOD 等のオックスフォード系辞書や UED に関する解説を行っている。

20 世紀後半に入ると，70 年前後から，とりわけ 80 年代には英米の辞書に関する解説，解題が急増する。これは英米における従来の辞書の改訂版の刊行に加えて，英国で外国人学習者を対象とした辞書が相次いで出版されたことと無関係ではない。この辞書解題の領域で特筆すべきは，1962 年に発足した岩崎研究会の会員（岩崎民平，竹林滋，小島義郎，伊藤冨士麿，中

尾啓介，東信行，渡邊末耶子，清水あつ子，山本文明，土肥一夫，赤須薫，浦田和幸，中本恭平，ほか）による，英米の辞書に関する詳細な分析という共同研究であろう。一般辞典から学習辞典，ポケット辞典に至るまで，あらゆる角度からレベルの高い分析がなされている。その成果は1972年創刊の機関誌 *Lexicon* に大部の論文として毎号掲載されており，それを再録したものが岩崎研究会編『英語辞書の比較と分析』（研究社，1981-89）として現在第4集まで刊行されている。ごく最近でも，29号（1999）で *Longman Dictionary of Contemporary English* 第3版（London, 1995），30号（2000）で *The New Oxford Dictionary of English*（Oxford, 1998）がそれぞれ取り上げられている。執筆者は全員がなんらかの形で英和辞典の編纂に実際に従事している方々である。いわば辞書編集者の立場からの批判的分析が行われており，その成果が英和辞典の編集，改訂作業に生かされていることが最大の特徴であろう。このような分析作業と編纂作業の中から生まれた著書に，小島義郎『英語辞書学入門』（三省堂，1984），中尾啓介『辞書学論考』（研究社，1993）がある。岩崎研究会関係者以外では，加島祥造『英語の辞書の話』（講談社，1976），同『新・英語辞書の話──引用句辞典のこと』（講談社，1983）や，永嶋大典『英米の辞書』（研究社，1974）とその改訂版『英米の辞書案内』（研究社，1985）がすぐれた辞書解題・辞書論である。ほかにも佐藤弘『英語辞書の知識』（八潮出版，1977），同『英語辞書

の実際』(八潮出版, 1982), 鵜澤伸雄『英語辞書の周辺』(三省堂, 1983), 南出康世『英語の辞書と辞書学』(大修館書店, 1998) などがある。

　論文には, 英米で出版された諸々の辞書の比較, 紹介, あるいはそれらに見られる発音表記, 語法, 分節, 文体表示, 英語辞書に採用された日本語, 日本語関係項目の誤り等を取り上げたものが多い。なかでも, 1957年以降英・米・日で刊行された英語辞書を解説した小川繁司 (1982～94) は有益である。また上記岩崎研究会会員以外にも, 今里智晃, 平井秀和, 渡辺秀樹, 山岸直勇, 横山昭永氏らが精力的に論文を発表している。

　わが国の辞書, つまり英和・和英辞典に関しては, 忍足欣四郎『英和辞典うらおもて』(岩波書店, 1982) が辞書編纂者の立場から書かれた興味深い読み物となっている。最近のものでは, 安井稔・長谷川ミサ子『私家版英和辞典—よりよき英和辞典のために』(開拓社, 1997) が, 語法注記の拡充と精密化を具体的に提示している。論文では, 上記岩崎研究会会員のほかに, 五島忠久, 小西友七, 国広哲弥, 藤本正文, 山岸勝榮氏らが, 英和, 和英辞典の改善に向けた様々な提言を行っている。辞典の編集, 執筆に関与する人には必読の著書, 論文と言えよう。(無用な記事で肥大化を競い合っている現今の学習辞典に違和感を覚えるのは筆者ひとりではあるまい。その対極にあるのが, 戦後まもなくの出版以来愛用されてきた岩崎民平編『ポケット英和辞典』(研究社, 1947) の最新改訂版, 岩崎春雄・

諏訪部仁編『ポケット英和辞典』(研究社, 2000) である。内容はすこぶる充実しているし, 何よりも片手になじむ軽量小型というのがいい。)

　辞書の歴史, つまり辞書史は〈英語学史〉の一部を構成するものであろうが, 便宜上ここで概観する。単なる辞書の編年史ではなくて, 辞書の編集者たちの語彙認識もしくは評価を反映した辞書編纂論の歴史を考察する分野である。そのような観点から英語辞書の発達を論じたものに, 古くは須貝清一『英語辞書研究』(研究社, 1941) がある。通時的研究として最も重要なものは, 林哲郎氏の『英語辞書発達史』(開文社, 1968) と *The Theory of English Lexicography 1530-1791* (Amsterdam & Philadelphia: John Benjamins, 1978) であろう。前者は, 8世紀のラテン語写本に施された注解から19世紀末に刊行が始まった OED に至る発達過程を, それぞれの時期の文芸思想や言語観などとの関係において, 実証的に考察したものである。刊行後20年たった今も, この書に代わるものは現れていない。後者は, J. Palsgrave, *Lesclarcissement de la langue francoyse* (1530) から J. Walker, *A critical pronouncing dictionary* (1791) に至る主要な一般英語辞書約60点を仔細に検討して, 英語辞書編集の原理と方法を歴史的に跡づけたものである。いずれも卓越した英語辞書発達史研究として記憶されるべき業績である。最近のもので重要な研究は, 15世紀頃から1960年頃までに刊行された英・米・日の主要な英語辞書の変遷をたどっ

た小島義郎『英語辞書の変遷―英・米・日を併せ見て』(研究社，1999) である。辞書内容の分析のみでなく，辞書の編集された経緯や編者の経歴，社会背景なども詳述されている。写真図版が多数挿入されているのもありがたい。

　個別辞書の研究としては，初期の辞書を論じたものも多少見られるが，最も多いのは，Dr. Johnson (1709-84) の辞書 *A Dictionary of the English Language* (London, 1755) に関するものである。とりわけ重要な研究は，永嶋大典『ジョンソンの《英語辞典》その歴史的意義』(大修館書店，1983) である。ほかにも，石橋幸太郎 (1955)，今里智晃 (1987)，諏訪部仁 (1978)，津谷武徳 (1988)，早川勇 (1995) などがある。また永嶋氏には，OED に関する本格的な案内書『OED を読む』(大修館書店，1983) もある。アメリカの辞書史については，上記小島氏のもの以外では，本吉侃氏に Noah Webster 等の辞書に関する一連の論考 (1993〜96) があるだけである。

　辞書編集者の伝記としては，加藤知己訳／K. M. E. マレー『ことばへの情熱―ジェイムズ・マレーとオックスフォード英語大辞典』(三省堂，1977)，稲村松雄『青表紙の奇蹟―ウェブスター大辞典の誕生と歴史―』(桐原書店，1984)，小島義郎『英語辞書物語（上）(下)』(ELEC, 1989) がある。つい最近，紀元前以来辞書を作った1千人を超える人物にスポットをあてた辞書編纂史の三川基好訳／ジョナサン・グリーン『辞書の世界史』(朝日新聞社，1999) が加わった。いずれも一読に

値する好著である。同じく，最近刊行された土肥一夫・東海林宏司・中本恭平訳／ハーバート・C・モートン『ウェブスター大辞典物語』(大修館書店, 1999) は *Webster's Third New International Dictionary* (Springfield, MA, 1961) の出版をめぐる論争史である。

わが国の辞書に関する歴史は，明治時代までに刊行されたものについては種々の「英学史」で詳細に論じられている。明治期も含め昭和時代までを対象としたものに，日本の英学100年編集部編『日本の英学100年(明治，大正，昭和編)』(研究社, 1968-69) があり，英和辞書 (永嶋大典，町田俊昭，五島忠久)，和英辞書 (町田俊昭，羽柴正市，小沢準作)，各種専門辞書 (竹林滋，桝井迪夫) の発達が概観されていて有益である。また，永嶋大典『蘭和・英和辞書発達史』(講談社, 1970；復刻版，ゆまに書房, 1996) も重要な基本的文献である。

欧米であれ，わが国であれ，本格的な辞書学の始まりは70年前後である。相前後して，語彙論はもちろん，辞書編纂と深い係わりをもつ言語理論，意味・語用論，社会言語学，談話分析等の研究も大きく進展した。大量のデータをコンピューターで解析した辞書編纂も各地で行われており，辞書編纂法も変わらざるを得ない状況になっている。特に，COBUILD (London & Glasgow, 1987) の出版以来，辞書学の議論のなかでコーパス言語学が注目を浴び，現在ではそれを抜きにしては辞書

学を語ることはできなくなっていると言ってもいい。辞書学に関するわが国の文献には，実のところ，欧米の辞書の単なる解説・紹介の域を出ないものも少なくない。しかし，わが国が生んだ最もすぐれた辞書編纂家岩崎民平氏の衣鉢を継ぐ岩崎研究会会員による批評活動並びに編纂作業は，国際的に見ても遜色ないものであるし，さらなる発展が期待できるものである。辞書学が扱う問題は今後ますます多様化するであろうが，様々な言語学的研究の成果を取り込んだ辞書学の展開が望まれる。

　辞書史の分野でも，英語辞書発達史の林哲郎氏，Johnson の辞書に関する永嶋大典氏，英・米・日の辞書変遷史の小島義郎氏らの業績は傑出している。にもかかわらず，17 世紀来の豊富な英語辞書資料を正確に記述，分析，評価し，それらを通時的に体系化する研究はまだ残されているように思われる。また，アメリカ辞書史に関する研究ももっと行われてよいのではないだろうか。

3.13　特殊辞典・コンコーダンス・グロッサリー

　わが国では，書名の一部に「辞典」を含んだ英語関係の書籍は数多い。極め付きは英和辞典，和英辞典である。大辞典，中辞典，小辞典が，一般向けから初級学習辞典に至るまで多数刊行されている。さらには熟語辞典，語源辞典，各種専門辞典等もある。幕末から明治時代にかけて刊行されたものについて

は，英学史関係書等で詳述されているし，その後のものに関しても解説，解題は方々に見られる。ここでは通常の英和・和英辞典を除いて，語彙に関する特殊辞典及びコンコーダンス（用語索引）等を概観する。ただし，発音辞典，語法辞典等についてはそれぞれの分野でふれる。英語学辞典，英文法辞典の類は〈総説・一般〉ですでにふれた。

　英語の学習が本格化した当初から熟語・成句に対する関心は高かったようで，その種の辞典はすでに明治時代に数点刊行されている。1900年以降では，神田乃武・南日恒太郎共編『英和　雙解熟語大辞典』（有朋堂，1909），斎藤秀三郎『熟語本位英和中辞典』（正則英語学校出版部日英社，1915），新渡戸稲造・坪内雄蔵・和田垣謙三監輯『英和俗語・熟語・故事・大辞典』（田中宋栄堂，1919）等があり，日英語におけるイディオム比較の先駆的研究とも言うべき斎藤秀三郎『斎藤和英大辞典』（日英社，1928）もある。いずれも今日でも利用できる，すぐれた熟語辞典である。ほかに，類語辞典として井上義昌編『英語類語辞典』（開拓社，1934）がある。しかし何といっても，20世紀前半の特殊辞典で特筆すべきは勝俣銓吉郎『英和活用大辞典』（研究社，1939)であろう。第2版は『新英和活用大辞典』として1958年に刊行されている。勝俣氏が30年がかりで集めたという，名詞と動詞を基本とした約12万，第2版では約20万のコロケーションを収録した世界に類を見ないものであった。文体レベルの表示を欠くなど，今日の時点から見

れば多少の問題があるとはいえ，近年評判のMorton Benson, et al., *The BBI Combinatory Dictionary of English: A Guide to Word Combinations* (Amsterdam & Philadelphia, 1986, 1997^2；寺澤芳雄監訳『BBI英和連語活用辞典』(丸善，1993))に先んずることほぼ50年で，しかも数段すぐれたものである。なお，20世紀前半にはコンコーダンス，グロッサリーの類はまだ全く刊行されていない。

　後半になると，特殊辞典等も多様化，すぐれたものが続々と刊行される。まず挙げるべきは，市河三喜・西川正身・清水護編『英語引用句辞典／*The Kenkyusha Dictionary of English Quotations with Examples of their Use by Modern Authors*』(研究社，1952)である。引用句辞典は海外でもいくつも刊行されているが，そのどれとも違って，どの引用句がどういう作家や作品において実際に用いられているかを明らかにしたもので，「聖書」，「シェイクスピア」，「その他」の3部に分かれ，さらに「その他」は引用された作家をアルファベット順に配列している。まさに国際的業績と呼ぶにふさわしいものである。啓蒙的なものに外山滋比古ほか編『英語名句事典』(大修館書店，1984)がある。シェイクスピア，諸家，聖書，ことわざ，マザーグースが独立して扱われ，訳文，註釈付きの名句事典である。上記市河氏らの引用句辞典の姉妹篇として刊行されたのが，これまた世界に誇れる熟語辞典の市河三喜ほか編『英語イディオム辞典／*The Kenkyusha Dictionary of Current English*

Idioms』(研究社，1964) である。用例は多くが現代英米作家からのものであり，12頁にわたる序論は，乾亮一・高羽四郎両氏による「英語イディオム」論である。近年の収穫は，多田幸蔵氏単独の三部作『英語イディオム事典（身体句編）（日常句・生きもの句編）（ラブロマンス編）』(大修館書店，1981-98) である。語源的，文化背景的解説も付された，読んで楽しい事典である。手頃なものに，大塚高信編『新クラウン英語熟語辞典』(三省堂，1965，1977²)，乾亮一・小野茂編『英語慣用句小辞典』(研究社，1971) 等がある。

　語源辞典には，名著の誉れ高い中島文雄・寺澤芳雄共編『英語語源小辞典』(研究社，1962) がある。小辞典ながら日常語約 2,000 語を選び，その語源を詳しく説明し，各語が用いられた初出文献の作者・作品とその年代も示した専門的な語源辞典である。同書を質量ともに格段に充実させたものが，寺澤芳雄編『英語語源辞典』(研究社，1997；縮刷版，1999) である。地名・人名を含む約 5 万語を収録し，最新の語源学，ゲルマン比較言語学の成果を取り入れて語源・語史の両面を記述した，欧米にも類を見ない本格的英語語源大辞典である。また，接頭辞中心のユニークな語源辞典に，福島治『英語派生語語源辞典』(日本図書ライブ，1992) がある。最も基本的な 15 の接頭辞（*ab-*, *ad-*, *con-*, *de-*, *dis-*, *ex-*, *in-*, *inter-*, *ob-*, *per-*, *pre-*, *pro-*, *re-*, *sub-*, *syn-*）を中心に，それが結合する語幹の語源を主としてラテン語にまで遡り記述したユニークな語彙

研究辞典である。

　類語・同意語辞典には，上本佐一編『英語同意語小辞典』（研究社，1961）や斎藤祐蔵『英語類義語辞典』（大修館書店，1980）がある。

　戦前戦後の英学生に益するところ大であった勝俣銓吉郎『(新)英和活用大辞典』(1939, 1958²)の成功に刺激されたのか，70年代以降活用辞典と銘打った辞典が続々と刊行されている。発行年次順に挙げると，金口儀明『英語冠詞活用辞典』（大修館書店，1970），小西友七『英語前置詞活用辞典』（大修館書店，1974），多田幸蔵『英語副詞句活用辞典』（大修館書店，1977），最所フミ編著『英語類義語活用辞典』（研究社，1979），新島通弘編『英語表現活用辞典』（開拓社，1981），多田幸蔵『英語動詞句活用辞典』（大修館書店，1982），伊藤健三・羽鳥博愛監修『英語派生語活用辞典』（研究社，1989）等である。類似のものに熊山晶久『用例中心英語冠詞用法辞典』（大修館書店，1985），木塚晴夫『動詞＋名詞　英語コロケーション辞典』（ジャパンタイムズ，1995）もある。いずれもそれぞれに用例豊富で行き届いた辞典であり，学習者のみならず，研究者にも役立つこと請け合いである。また最近，先にふれた勝俣銓吉郎編『新英和活用大辞典』(1958)を大幅に改訂増補した市川繁治郎編『新編英和活用大辞典』（研究社，1995）が刊行された。なによりの快事である。用例を大幅に入れ替え，用例数も2倍近い約38万例を収録している。世界に冠たるコ

ロケーション辞典と言えよう。

　アメリカ英語辞典には，斎藤静編『米語辞典』(三省堂，1949)，高部義信『アメリカ新語辞典』(研究社，1978，1984²)，最所フミ編著『現代アメリカ語辞典』(研究社，1983)，坂下昇『現代米語コーパス辞典』(講談社，1983)，同『現代米語慣用句コーパス辞典』(講談社，1984)，田崎清忠編著『アメリカ日常語辞典』(講談社，1994)等があり，アメリカの生活語彙に関する豊富な情報を提供してくれる。アメリカ文学を資料としたアメリカ英語辞典に，沢田敬也『アメリカの文学方言辞典―辞書にない語をひく―』(オセアニア出版，1984)と藤井健三編著『アメリカ文学言語辞典』(中央大学出版部，1996)がある。とりわけ，藤井氏の辞典はアメリカの文学作品に見られる非標準的な綴り字・語形・語法・文法に関する項目を，簡潔な解説と豊富な用例を付して収録したもので，アメリカの文学作品を読む者には必携の書である。

　近年わが国との関係が深まりつつあるオーストラリアやニュージーランドの英語に関するものとしては，沢田敬也編著『オーストラリア・ニュージーランド英語辞典』(オセアニア出版，1987)，森本勉編『オーストラリア英語辞典』(大修館書店，1994)がある。後者は見出し語約6,500で百科項目も豊富である。

　語尾がどの文字で終わるかを見出し語配列の基準とした，わが国初の逆配列辞典に，郡司利男編著『英語学習逆引辞典』

（開文社，1968；改訂版『英語逆引辞典』，1986）がある。最近，同じ原理に基づいた辞典が2点刊行された。新富英雄・山根一文・渡辺愼一郎編著『逆引英語名詞複合語辞典』（北星堂書店，1998）と国広哲弥・堀内克明編『プログレッシブ英語逆引き辞典』（小学館，1999）である。

擬声語・擬態語辞典としては，三戸雄一・筧寿雄ほか編『日英対照：擬声語（オノマトペ）辞典』（学書房，1981），尾野秀一編著『日英擬音・擬態語活用辞典』（北星堂書店，1984），藤田孝・秋保慎一編『和英擬音語・擬態語翻訳辞典』（金星堂，1984）がある。

故事・伝説・風物辞典としては，井上義昌編の『英語故事伝説辞典』（富山房，1950），『英米故事伝説辞典』（富山房，1963，1972²），『英米風物資料辞典』（開拓社，1971）があり，英米文化の背景理解に役立つ情報が収録されている。

諺辞典もいろいろある。最大最良のものは大塚高信・高瀬省三編『英語諺辞典』（三省堂，1976；新装版，1995）であろう。12,300の英語の諺（とそれに類した表現）を収録，意味，起源，出典，国籍，異形表現，英語文献初出時期，さらには対応する日本の諺も示されている。索引・日本語諺索引も充実している。最近のものには，1,039項目を収録した北村孝一・武田勝昭編『英語常用ことわざ辞典』（東京堂出版，1997）がある。

郡司利男編『英語なぞ遊び辞典』（開拓社，1982）は，4,124の見出し語句のもとに約6,000の謎を収録した，わが国では類

のない辞典である。

　言語文化辞典ともいうべきものに，赤祖父哲二編『英語イメージ辞典』（三省堂，1986）と赤祖父哲二・斎藤武生ほか編『日・中・英言語文化事典』（マクミラン　ランゲージハウス，2000）がある。前者は日英両語を通じ語感を養う辞典をめざしたもので，後者は「あい/こい［愛/恋］」「いえ［家］」等614項目にわたって日本語と中国語と英語の言語文化を比較したものである。

　ほかにも種々の特殊辞典が刊行されている。小林祐子編著『しぐさの英語表現辞典』（研究社，1991），中村保男・谷田貝常夫『英和翻訳表現辞典』（研究社，1984），広永周三郎・笹井常三編『時事英語辞典』（研究社，1979），山田政美『英和商品名辞典』（研究社，1990），飛田茂雄『探検する英和辞典』（草思社，1994），とりわけ有用な松田徳一郎監修『リーダーズ・プラス』（研究社，1994）などである。これにもう1点，上記『探検する英和辞典』の続編ともいうべき飛田茂雄編『現代英米情報辞典』（研究社，2000）が加わった。今日の英米の文化や生活に関する情報が満載されている。

　特定作家・作品を対象としたコンコーダンス（用語索引）や押韻辞索引の編纂にコンピューターが利用できるようになって，わが国でもこの種の文献は80年代に入って急増する。先駆的業績は加藤知己編，*A Concordance to the Works of Sir Thomas Malory*（東京大学出版会，1974）であり，国内外で

その後のマロリー研究に果たした功績は大である。以下，代表的なものを刊行順に挙げる。古英語関係では小田卓爾，*A Concordance to the Riddles of the Exeter Book*（学書房，1982）のみである。中英語関係は多い。齊藤俊雄・今井光規編, *A Concordance to Middle English Metrical Romances* (Franfurt am Main: Peter Lang, 1988)，桝井迪夫，*A New Rime Index to 'The Canterbury Tales' based on Manly and Rickert's 'Text of The Canterbury Tales'*（篠崎書林，1988），溝端清一編, *A Concordance to Caxton's Own Prose*（松柏社，1990），大泉昭夫編, *A Complete Concordance to the Works of Geoffrey Chaucer* (Hildesheim: Olms-Weidmann, 1991)，阿波加清志編, *A Concordance to 'Ancrene Wisse': Based on J. R. R. Tolkien's Text*（三重大学英語研究会，1991），小黒昌一・木村哲夫, *The Owl and the Nightingale*（明甲社，1992），中尾佳行ほか編, *A New Concordance to 'The Canterbury Tales', Based on Blake's Text Edited from the Hengwrt Manuscript*（大学教育出版，1994）及び *A New Rime Concordance to 'The Canterbury Tales', Based on Blake's Text Edited from the Hengwrt Manuscript*（大学教育出版，1995），大泉昭夫・米倉綽編, *A Rhyme Concordance to the Poetical Works of Geoffrey Chaucer* (Hildesheim: Olms-Weidman, 1995) がある。いずれもそれぞれに工夫が施されており，利用価値の高いコンコーダンスである。ほかにも紀要等に，

Layamon's *Brut*（水鳥喜喬 1993～96），Chaucer（東好男 1994～96）等に関するものがある。近・現代英語関係では，秋保慎一・藤田孝，*A Concordance to the Complete Poems of Emily Brontë*（松柏社，1976），中岡洋編，*A Concordance to 'Wuthering Heights'*（開文社，1983），玉井東助，*A Concordance to the Works of Oliver Goldsmith*（開拓社，1984），山下浩ほか編，*A Comprehensive Concordance to 'The Faerie Qveene 1590'*（研友社，1990）がある。紀要等には，Nicholas Udall（久屋孝夫 1980～86），Sir Philip Sidney（中田修 1969～76）等に関するものがある。

90年代に入って，米国でコンコーダンスとグロッサリーを組み合わせた Larry D. Benson, *A Glossarial Concordance to the Riverside Chaucer*, 2 vols.（New York, 1993）が刊行され，話題になった。規模は小さいが類似の構想をもったものは，実はわが国ではもっと早く出現していた。土屋唯之，*A Concordance and Glossary to the General Prologue of the Canterbury Tales*（私家版，1975）とその改訂版（1983～88, 1991～95）である。最近になって，上記 Benson（1993）に匹敵するコンコーダンスがわが国でも刊行された。松下知紀編，*A Glossarial Concordance to 'William Langland's The Vision of Piers Plowman: The B-Text'* 全3巻（雄松堂書店，1998-2000）である。W. A. C. Schmidt 編の校訂版（London, 1997）を底本として，各見出し語に品詞，語義，語源を与え，頭韻

行単位の該当例を挙げている。さらに，ラテン語，古フランス語，固有名詞，頭韻語のコンコーダンス，頭韻構造の頻度表もある。チョーサーと並ぶ14世紀の詩人ラングランドの語彙や統語法の研究に，さらには韻律や文体の研究に威力を発揮することであろう。

レキシコン，グロッサリーの類はコンコーダンスと比べるときわめて少ない。しかし重要なものが数点ある。〈個別作家・作品の言語〉でもふれた吉田弘重，*A Sinclair Lewis Lexicon with a Critical Study of his Style and Method*（朋友社，1976）はルイスの俗語や口語的な語句に焦点を絞ったレキシコンであるが，前野繁・稲積包昭共編著，*A Melville Lexicon*（開文社，1984）はメルヴィルの全作品の難解語句・新造語等約7,000語を収録，定義・解説した秀抜なレキシコンである。皆川三郎・吉川道夫編，*A Thomas Hardy Dictionary*（名著普及会，1984）や皆川三郎・竹前文夫『Tudor-Stuart 朝英語 Glossary』（竹村出版，1986）も斯界にたいする貴重な貢献である。紀要に発表されたものには，中英語テキストに関するグロッサリーに木村建夫（1984，91），小林栄智（1989），水鳥喜喬（1968），和田葉子（1985）等があり，近代英語では山田知良氏による "Spenser-Lexicon"（1988〜95）がある。この分野で公刊が待たれているものに，山本忠雄氏が太平洋戦争が始まった頃企画構想したという *Dickens Lexicon* がある。紆余曲折を経た後，氏の残された資料カードは，教え子のひとり伊藤弘

之氏らの手によってコンピューター入力が進行中であり，近い将来 CD-ROM 化される予定である。完成の暁には国の内外で 19 世紀英語，とりわけヴィクトリア朝英語の研究に寄与することは間違いない。

　以上，特殊辞典等を概観したが，世界に誇れる活用辞典，熟語辞典，引用句辞典，諺辞典をはじめ，実に様々な辞典が刊行されている。英和・和英辞典を含む辞典・事典編纂の分野は，この 100 年間に着実な成果を上げた。今日の英学徒は何とも恵まれているわけである。このようにすぐれたユニークな辞典がある上に，上記概観では取り上げるゆとりがなかったが，欧米の特殊辞典の翻訳も多い。啓蒙的なものまで含めると相当な数にのぼる。今後も，一般辞典でカバー出来ないような分野や事物に関する特殊辞典の刊行は，大いに歓迎されるべきであろう。しかし単行本あるいは紀要論文の形で近年刊行が相次いだコンコーダンスの作成は，もっと慎重であるべきではなかろうか。コンコーダンスが語彙，統語，文体研究等に役立つことは疑いを入れないが，パソコンの普及，ソフトの開発等で必要なら簡単にコンコーダンスが作成できるし，主要な作家に関するコンコーダンスはほとんどすべて書物の形でも，パソコン上でも利用できるようになっている。この種の仕事で，今後もっと推奨されるべきはレキシコンやグロッサリーの作成であり，コンコーダンスの場合も，前記 Benson (1993) や松下 (1998-2000) のような注解付コンコーダンス (glossarial concordance)の編纂であろう。しかし,もっと大事なことはこれら既存のものをいかに活用するかである。

3.14 意味論・語用論

　意味論(semantics)は定義の最も難しい分野である。ここでは語彙の意味構造や意味変化に関する実証的あるいは理論的研究,文の構造的意味(structural meaning)の解明をめざした研究,さらには80年前後から研究の広がりが顕著になってきた語用論(pragmatics)を取り上げる。

　先駆的研究として市河三喜氏の名前が見られない数少ない分野のひとつであるが,代わってこの分野の開拓者は市河氏の門下生であり,かつ東京大学での後継者であった中島文雄氏である。早くから,意味論に関する理論的,原理的研究を『英語青年』や『英文学研究』に続々と発表,それらは後に単行本にまとめられている。即ち,ブレンターノ(F. Brentano, 1838-1917)の心理学,マルティ(A. Marty, 1847-1914)やフンケ(Otto Funke, 1885-1973)の言語哲学を土台にして,英語の意味現象を解明しようとした『意味論―文法の原理』(研究社,1939),その一部を発展させた『言語と思考』(研究社,1941),言語現象を心的現象と捉える考えをさらに展開した『文法の原理―意味論研究』(研究社,1949)である。独自の意味論,文法体系の樹立を意図したものであるが,難解なことで知られて

いる。20世紀前半の業績で，もうひとつ注目すべきは，C. K. Ogden & I. A. Richards, *The Meaning of Meaning* (London, 1923) の石橋幸太郎訳『意味の意味』（興文社，1936；改訂版，新泉社，1967）の刊行である。言語の思想に及ぼす影響と象徴理論の研究として注目されたもので，難解ながら古典的名著と考えられている。なお，同書に関しては，後に〈英語学ライブラリー〉の1巻として，床並繁訳述『意味の意味』（研究社，1958）も刊行されている。20世紀前半の論文には，意味と文脈の関係を論じた山本忠雄（1939）や，抽象名詞の意義やアイロニー的表現を論じた乾亮一（1940, 54）等がある。

この分野も50年代以降研究が盛んになるが，通時的なものや古英語に関するものは多くない。単行本は，山口秀夫，*Essays towards English Semantics*（篠崎書林，1961, 1969²）があるだけである。OE, ME にも説き及んだ論文を中心に，言語の意味を一般的に取り扱ったものを加えた論文集である。論文では，田中俊也（1988〜93）が *can* と *may* の意味変化のメカニズムをゲルマン語まで遡って論じている。中英語関係では，中尾佳行（1987〜96）が Chaucer の言語の曖昧性を意味，統語，語彙の点から検討している。

近・現代英語関係は，論文，単行本ともに数多く，とりわけ法助動詞の意味と機能に関するものが多い。ほかには，特定の語の意味構造，語の多義性，統語構造と意味のずれ，談話標識（*well, sort of,* ほか）の意味と機能，曖昧文の特性を構造，語

彙，音声の点から論じたもの，メタファーやアイロニーなどに関する論考が目立っている。70年代前後からは語用論的見地からの論文が増え，最近では認知言語学の立場から意味・語用論研究が展開されている。具体的に見てみよう。

　著書，論文等を通して，20世紀後半のわが国の意味論研究を実質的にリードしてきたのは，石橋幸太郎，毛利可信，大江三郎，池上嘉彦，河上誓作氏らである。幸いなことに，石橋氏を除く各氏の論文等は，加筆修正の上ほとんどすべて単行本の形でまとめられている。まず毛利氏には，意味論に記号論理学を取り込んだ『英語意味論研究』（研究社，1962）をはじめ，言語の論理的・語用論的側面を論じた『意味論から見た英文法』（大修館書店，1972）や『英語の語用論』（大修館書店，1980）がある。60年代以降意味論の分野で独自の卓見を次々と発表している池上氏には，*The Semological Structure of the English Verbs of Motion: A Stratificational Approach* （三省堂，1970），『意味論──意味構造の分析と記述』（大修館書店，1975），『「する」と「なる」の言語学』（大修館書店，1981）などがある。大江氏には，〈総説・一般〉でふれた『現代英語文法の分析』（弓書房，1978）の延長線上にある『英文構造の分析──コミュニケーションの立場から』（弓書房，1984）があるが，談話を機能論的に分析した実証的研究である。河上氏には，『文の意味に関する基礎的研究──認識と表現の関連性をめぐって──』（大阪大学文学部，1984）がある。言語表現とコン

テクストとの関連性に着目しながら，英語における文または発話文の意味に関する諸現象を考察したものである。圧巻は，アイロニーの表現を分析した上でその発話と理解のメカニズムを解明し，独自のアイロニー理論を提案したところであろう。市販されなかったことが惜しまれる。

　ほかにも重要な研究に，構造的意味論に関する成果をまとめた国広哲弥『意味の諸相』（三省堂，1970），[10] 意味論原論ともいうべき第1部と，英語の語彙・文法構造に意味論的分析を加えた第2部から成る太田朗『否定の意味―意味論序説』（大修館書店，1980）がある。さらには，安井稔『言外の意味』（研究社，1978），武田修一，*Reference and Noun Phrases*（リーベル出版，1981），村田勇三郎『機能英文法』（大修館書店，1982），〈英語学大系〉中の安井稔ほか『意味論』（大修館書店，1983），和田弁『言語の場の理論による意味論と構文対照研究』（広島修道大学総合研究所，1984），武田修一『英語意味論の基礎的研究』（リーベル出版，1987），田中茂範編著『基本動詞の意味論―コアとプロトタイプ―』（三友社，1987），小島義郎『日本語の意味　英語の意味』（南雲堂，1988），柿沼孝子『文学・言語の意味論的研究』（彩流社，1993），中野弘三『英語法助動詞の意味論』（英潮社，1993），織田稔『直示と記述同定―

---

[10] 国広氏には，日本語を資料として語の意味及びその分析をまとめた『意味論の方法』（大修館書店，1982）もある。

英語固有名の研究―』（風間書房，1994），中右実『認知意味論の原理』（大修館書店，1994），上野義和『英語の仕組み―意味論的研究―』（英潮社，1995），福地肇『英語らしい表現と英文法―意味のゆがみにともなう統語構造』（研究社，1995）等がある。最近のものに，open, raise 等の語彙的使役動詞を語彙意味論の立場から分析した丸田忠雄『使役動詞のアナトミー――語彙的使役動詞の語彙概念構造』（松柏社，1998），give, have, make, take 等の動詞が 'give a laugh', 'have a walk' のような迂言的表現を形成するとき，どのような名詞と結びつき，どのような意味を表すに至るかを詳細に分析した相沢佳子『英語基本動詞の豊かな世界―名詞との結合にみる意味の拡大』（開拓社，1999），それに「曖昧性」に関する9篇の論文をまとめた後藤正紘『曖昧性をめぐって―英語の本質の解明―』（英宝社，2000）がある。

　訳書には，池上嘉彦訳／S. ウルマン『言語と意味』（大修館書店，1969），安藤貞雄監訳／ジェフリー・リーチ『現代意味論』（研究社，1977），池上嘉彦・河上誓作訳／ジェフリー・N・リーチ『語用論』（紀伊國屋書店，1987），澤田治美訳／ジェニファー・コーツ『英語法助動詞の意味論』（研究社，1992），池上嘉彦・河上誓作ほか訳／ジョージ・レイコフ『認知意味論』（紀伊國屋書店，1993）等がある。

　意味論，語用論，談話分析関係の論文については，いちいち取り上げるゆとりがないので，興味深い論文を数点以上発表し

ている方々の名前のみ列挙する。家木康宏，稲木昭子，吉良文孝，澤田治美，鈴木佑治，高原脩，田中廣明，土家裕樹，富田禮子，中村芳久，林栄一，東森勲，樋口万里子，広瀬浩三，松村瑞子，山田仁子，和井田紀子氏らである。

　最後に，ポーランド生まれのアメリカ人 Alfred Korzybski (1879-1950) によって創始され，Stuart Chase (1888-1985) や S. I. Hayakawa (1906-92) らによって発展させられた研究分野に一般意味論 (General Semantics) がある。Hayakawa, *Language in Thought and Action* (New York, 1949, 1964^2, 1972^3) の大久保忠利訳『思考と行動における言語』(岩波書店，1951, 1965, 1974) 等によって知られているものであるが，日常の言語生活における言語活動を研究対象としたいわば応用的意味論である。わが国でも多少の関心を呼んだようで，古い方から原田朝吉 (1955)，須沼吉太郎 (1960)，床並繁 (1964, 68)，三浦新市 (1968)，宇尾野逸作 (1970, 72)，横尾信男 (1985, 86) 等がある。

　意味・語用論の研究には，意味という曖昧模糊とした，見方によっては実に捉えどころのない言語現象を研究するところからくる難しさが伴う。にもかかわらず，70年代前後から理論と実証が融合したすぐれた研究成果も数多く生み出されている。しかし，欧米文献の紹介的なものや，実証性に欠けた理論を振り回しただけのものも少なくない。近年は著書，論文ともに理論的な研究が増えつつあるように思われるが，最も広範な

言語観察を必要とするのもこの分野であろう。質の高い記述研究が引き続き行われるとともに、そういった記述研究の成果を取り入れた理論研究を期待したい。

3.15　文体論・韻律論・修辞学

　言語研究と文学研究をつなぐ文体論も定義の難しい分野のひとつである。ここでは韻律，修辞を含む語学的な文体論に関する研究文献を概観する。

　わが国における文体論研究の草分けは，おそらく明治45年発行の『英語青年』に連載された上條辰藏「Dickens の Style に就て」(1912)，その翌年の澤村寅二郎「英詩韻律の研究」(1913)，土居光知「詩脚とは何ぞや」(1913) あたりであろう。30年代に入ると，Bridges を通して英詩の言語を分析した佐々木達，*On the Language of Robert Bridges' Poetry*（研究社，1930）が刊行された。その後の単行本には，佐々木達『英詩の語彙と語法』（英語英文学刊行会，1933），佐藤清『英詩韻律の研究』（新英米文学社，1933），舟橋雄『イギリス散文文体の発達』（新英米文学社，1933），清水護『韻律論と修辞法』（研究社，1940）がある。本格的な論文も昭和初期から，『英文学研究』等に続々と発表された。即ち，澤村寅二郎「Conrad の文体について」(1928)，山本忠雄 "On Affective Expressions in English" (1931)，佐々木達 "Apocope in Modern English

Verse" (1933), 大塚高信「Represented Speech」(1934), 中山竹二郎「イギリスの古劇の詩形について」(1934), 市河三喜「Shakespeare の修辞法二三について」(1935), 前島儀一郎「'Alice in Wonderland'の文体」(1936), 西脇順三郎「文語体の発達」(1937), 山本忠雄「Moby Dick の文体論的研究」(1938), 東田千秋"On the Prose Style of D. H. Lawrence" (1939) 等である。しかし 20 世紀前半の 30 年頃から後半の 70 年頃までのほぼ 40 年にわたって、わが国の英語英文学界に文体論という研究分野を確立し、発展させたのは、何といっても佐々木達、山本忠雄、東田千秋といった市河三喜門下の方々であろう。佐々木氏は上記のほかに近代英詩のことばを概説した『英詩のことば』(語学出版社, 1949), 同書中の「英詩の文法」に加筆し、新たに文体の項を加えた『近代英詩の表現』(研究社, 1955) 等の著作によって英詩の言語や文体論研究に貢献した。一方、山本氏は若くしてバイイ (Ch. Bally, 1865-1947), ドイチュバイン (M. Deutschbein, 1876-1949), フォスラー (K. Vossler, 1872-1949), シュピツァー (L. Spitzer, 1887-1960) ら独仏の研究や小林英夫氏 (1903-1978) らの研究に影響をうけて、文体論という新しい研究分野に傾斜し、文体論の基礎論ともいうべき『文体論研究』(三省堂, 1938), それを発展させた『文体論―方法と問題―』(賢文館, 1940) を相次いで刊行した。その後は個人言語の研究に向かい、〈個別作家・作品の言語〉の項でふれたディケンズの言語研究等で数々

のすぐれた成果を上げたが，次第に文学論的研究に比重が移っていった。同様に語学的文体論から文学的文体論に向かったのが東田千秋氏である。氏には30年代末以降の論考をまとめた『英文学の言語と文体』（三省堂，1957），『文体論—英国近代作家の文体—』（研究社，1959）等があり，英国小説の文体を論じているが，年々文学論的傾向が強くなっている。

　この分野も，50年代以降研究文献は急増する。通時的あるいは2つ以上の時期にわたる研究には，まず山口秀夫，*Studies on English Style*（篠崎書林，1978）がある。中世及びエリザベス朝修辞法および古英語のWulfstanから19世紀のG. M. Hopkinsに至る種々のテキストの文体を分析した大部の書である。ほかに真鍋和瑞『中世の英語散文とその文体』（開文社，1983）と〈総説・一般〉でふれた久保内端郎，*From Wulfstan to Richard Rolle: papers exploring the continuity of English prose*（Cambridge: D. S. Brewer, 1999）がある。論文にはOE, MEの頭韻詩の言語，文体，韻律上の特徴を論じたもの（吉野利弘1989，守屋靖代2000，ほか）や，英訳聖書の文体を通時的にたどったもの（添田裕1988，渡辺秀樹1996，ほか）が目立つ。桝井迪夫「表現としての英語学」(1963-64)や松浪有「頭韻詩から脚韻詩へ」(1986) も有益である。

　古英語の研究は，*Beowulf*など韻文の文体，韻律，技法を論じたものが多く，散文に関するものは比較的少ない。単行本には，中川良一『ベーオウルフ研究　韻律と文構造』（松柏社，

1982），古英語散文の文体に関する論考を含む小川浩，*Studies in the History of Old English Prose*（南雲堂，2000）がある。なお，最近，古英語のケニングに関する古典的研究書であるマルクヴァルト（H. Marquardt）の *Die altenglischen Kenningar*（Halle，1938）が，下瀬三千郎訳『古英語のケニング―古ゲルマン詩文体論への寄与―』（九州大学出版会，1997）として刊行された。論文は，*Beowulf* の文体に関するものが多く，ケニング，複合語，ヴァリエーション等が鈴木重威（1955），一色マサ子（1958），植村良一（1963），渡辺勝馬（1971），大関康博（1982）等で論じられている。種々の古英詩の語彙や技法，韻律を分析したものに，佐藤陽子（1976，77），原田良雄（1970～81），宮崎忠克（1969～92），矢田裕士（1981～94），山内一芳（1975～86）などがある。古英詩の口承定型句理論に関する鈴木榮一（1986），古ノルド語，古英語におけるケニングを論じた松浪有（1954）は特に重要な論文である。なお散文に関しては，Alfric や Wulfstan に関するものが多少見られるが，とりわけ啓発的な論考は小野茂（1985），小川浩（1991，96）である。文体研究にコンピューターを利用した小野祥子（1990）も新しい試みとして興味深い。

　中英語の文体研究も，Chaucer や *Gawain* 詩群など韻文の文体に関するものが圧倒的に多い。散文については，初期の *Ancrene Wisse/Riwle*，後期の Wyclif，Malory に関するものが多少見られる程度である。単行本には，菅野正彦氏の

Studies in Chaucer's Words: A Contextual and Semantic Approach（英宝社，1996），『チョーサーの言葉―文脈的・意味論的研究―』（英宝社，1997），*Word and Deed: Studies in Chaucer's Words*（英宝社，1998）がある。いずれもチョーサーの用語をめぐる論文をまとめたものであるが，文学的文体論というべきものである。最近のものに，隈元貞広，*The Rhyme-Structure of 'The Romaunt of the Rose'-A*（開文社，1999）がある。チョーサーが翻訳したとされる *The Romaunt of the Rose*（Fragment A）とその原典の古フランス語詩 *Le Roman de la Rose* の脚韻構造を詳細に比較分析し，当時の英語の脚韻構造を明らかにした，すぐれた研究である。

　論文には，個別作家・作品の文体（脚韻語，頭韻語，韻律構造，統語構造等）を論じたものが多い。主なものを挙げると，Chaucer（桝井迪夫 1954～59，佐々木冨美雄 1966～82，須藤淳 1966～93，小野茂 1968, 75，西出公之・川端喬 1986～92，隈元貞広 1987～93，高橋久 1990, 91，地村彰之 1991, 92，寺澤盾 1992，ほか），*Gawain* 詩群（大江三郎 1962，中尾俊夫 1965，鈴木榮一 1968，豊田昌倫 1972/73，菊地清明 1988，浦田和幸 1989，田島松二 1989，守屋靖代 1993～96，ほか），Gower（伊藤正義 1969, 71），*Cursor Mundi*（篠田義博 1981～93），*Havelok the Dane*（今井光規 1996），*The Owl and the Nightingale*（出本文信 1978，菊地清明 1987, 95，西成田道夫 1996，ほか），*Kyng Alisaunder*（山本勉 1991, 93）などであ

る。ごく最近のものに，海外の *English Language Notes* (Boulder, CO), Vol. 38 (2000) に掲載された守屋靖代 "Identical Alliteration in *The Alliterative Morte Arthure*" がある。種々の脚韻詩における脚韻語の構造を分析したものに，下笠徳次（1979〜92），三浦常司（1985〜96）等がある。また種々の頭韻詩における頭韻語を分析したものに，鈴木榮一（1964〜93），安田淳（1984〜92），海野昭史（1988〜95），松本博之（1987, 93）等がある。中英語頭韻詩の定型性を論じたものには，鈴木榮一（1969〜89），田尻雅士（1987），鎌田幸雄（1996）がある。とりわけ，鈴木氏の諸論考は熟読に値する。散文は *Ancrene Wisse/Riwle*（貝原洋二 1969〜95，和田葉子 1986），Wyclif（寺澤芳雄 1968，ほか），*Paston Letters*（奥村譲 1984〜87），Malory（野口俊一 1967〜84，中尾祐治 1977〜92，四宮満 1981〜85，ほか）等が主なものである。

　近・現代英語の文体研究も，古・中英語同様，文学作品の文体分析が主流を占めている。違う点は，韻文が少なくなり，散文が際だって多くなっていることである。語彙，統語，修辞，話法，文の長さ等，諸々の視点から個別作家・作品の言語が分析されている。とりわけ，小説の文体を分析したものが多い。単行本では，近代期における散文の文体を歴史的に概観した中島文雄『近代英語とその文体』（研究社，1953），言語学の立場から音韻論や意味論まで含めて幅広く詩の言語を分析した池上嘉彦『英詩の文法—語学的文体論—』（研究社，1967），わが国

で欠如していた音声面のスタイル研究を含む豊田昌倫『英語のスタイル』(研究社, 1981), *The Spectator* と Richardson の語彙・文体等の分析を通して散文の発達を考察した伊藤弘之, *Some Aspects of Eighteenth-Century English* (英潮社, 1993) が注目すべき成果である。

英米の小説の文体を論じたものには, 遠藤敏雄『R. L. Stevensonの文体』(研究社, 1963), 吉田安雄『ヴァージニア・ウルフ論集―主題と文体』(荒竹出版, 1977), 吉田孝夫『ディケンズのことば』(あぽろん社, 1978, 1980^2), 中川ゆきこ『自由間接話法―英語の小説にみる形態と機能―』(あぽろん社, 1983), 南波辰郎, *The Language of Salinger's 'The Catcher in the Rye'* (篠崎書林, 1984), 三浦敏明『現代作家の語法と文体―スティーヴンソン, モーム, ヘミングウェイ, スタインベック―』(文化書房博文社, 1992), 四方田敏『フォークナーの言語と文体―言語学的アプローチ―』(文化書房博文社, 1997) がある。

主として修辞, 韻律, 比喩等を論じたものに, 秋山平吾『英詩韻律法』(篠崎書林, 1956), 磯川治一『直喩と英語の文体』(篠崎書林, 1956), 大山敏子『英語修辞法』(篠崎書林, 1956), 石井白村『英詩韻律法概説』(篠崎書林, 1964), 皆川三郎『修辞法と英文構成』(竹村出版, 1969), 立間実『英詩の律動』(松柏社, 1971), 中川清『音韻文体論研究』(学書房, 1972), 平岩紀夫『シェイクスピアの比喩研究』(松柏社,

1977），大橋義昌, *English Style: Grammatical and Semantic Approach* (Rowley, MA: Newberry House, 1978），須沼吉太郎『現代英語のレトリック—隠喩とは何か—』（荒竹出版，1979）等がある。また，英詩の語彙とシンタックスを論じた山口秀夫, *Language and Poetry*（明倫出版，1984），入江啓太郎, *The Sentence-Structure in John Dryden's 'An Essay of Dramatic Poesy'*（渓水社，1985），梅田倍男『シェイクスピアのことば遊び』（英宝社，1989），上利政彦, *Formula, Rhetoric, and the Word: Studies in Milton's Epic Style* (New York: Peter Lang, 1997) 等もある。日本人が英語を書いたり話したりするときに直接役立つ，実用的な文体論の体系化を目指した池田拓朗『英語文体論』（研究社，1992）もある。刊行されたばかりの斎藤兆史『英語の作法』（東京大学出版会，2000）は，文体論に関する基礎知識から，その歴史，理論的な展開まで，広範囲にわたる英語文体論に関する入門書である。池上嘉彦編『意味論・文体論』（大修館書店，1985）という入門書もある。訳書には，Katie Wales, *A Dictionary of Stylistics* (London, 1989) の豊田昌倫ほか訳『英語文体論辞典』（三省堂，2000）がある。1960年代以降の文体論及びテキスト分析関連の包括的，基本的な用語辞典で，600項目を収録している。

　近・現代英語の文体に関する論文は数多い。現代作家は別として，英米の主要な作家は，何らかの形でほとんどすべて取り上げられている。まず小説の文体を論じたものを作家・作品別

に見てみる。イギリスの作家では Austen（土屋順子 1975〜83, 益田出 1974, 山田良治 1980), Conrad（東田千秋 1943, 50), Dickens（吉田孝夫 1980〜93), Drabble（瀬良晴子 1990, 93), Golding（鎌谷ミチ 1990, 93), G. Greene（竹内正夫 1974), Hardy（皆川三郎 1967, 辰宮栄 1966, 67), Huxley（松島健 1974), Joyce（筏津成一 1977, 92), Lawrence（清水雅子 1982〜89, 四宮満 1967), Mansfield（大澤銀作 1975〜96, 土屋順子 1980〜96), Maugham（角南一郎 1953〜59, 磯川治一 1954〜62, 辻正次郎 1978, 82), Defoe, Swift, Richardson, Fielding, Smollett ら（井出鹿雄 1974〜77, 三宅川正 1966, ほか), Woolf（吉田安雄 1952, 74), Lewis Carroll（稲木昭子 1988〜90, 沖田知子 1989), それに Synge, Yeats, Swift, Shaw, Murdoch らアイルランド系詩人・作家（廣田典夫 1970〜96）等が取り上げられている。古いところでは 16 世紀の Deloney（和田章 1983〜93), John Lyly（河原重清 1964）も論じられている。

　アメリカの作家では Faulkner（速川浩 1958, 花本金吾 1967, 新井一彦 1987, 1993), Hemingway（志賀勝 1954, 木村達雄 1964), Melville（松本政治 1961), Poe（田桐大澄 1969〜72), Salinger（繁尾久 1970, 小林資忠 1975〜83), Twain（吉田弘重 1953）等の文体が分析されている。ほかにも英米の小説等を材料にして、小説の話法、とりわけ描出話法を取り上げたものに、浄住勤護（1953〜64), 貞方敏郎（1963〜66)

などがある。種々の英米作家の文体を分析したものに，織家肇（1956〜64），大澤銀作（1975〜96），田中実（1975〜95）等がある。また，近年コンピューターの普及もあって，コーパスを利用した文体研究（齊藤俊雄 1994，田畑智司 1991〜95，西村道信 1992, 96）や計量文体論（和田弘名・吉岡健一 1985〜95）の試みも増えてきている。

詩の文体や韻律を論じたものも比較的多い。Milton（上利政彦 1968〜93，村上晉 1974〜77），Spenser（小迫勝 1973〜94，野呂俊文 1994），Wordsworth（中川憲 1978〜96），バラッド（池田祐重 1960〜64）等に加えて，英詩の脚韻（荒木一雄ほか 1992, 96），詩のリズムや用語が論じられている。

戯曲の文体は，Shakespeare（岡村俊明 1980, 92，中谷喜一郎 1973, 91）や Marlowe（松浦正義 1979〜83）を取り上げたものが主なものである。

小説を除く散文では，英訳聖書（清水護 1974, 82，辻谷忠士 1981〜86，ほか）に関するものが最も多い。ほかは *The Spectator*（伊藤弘之 1967〜86），17世紀散文（今井光規 1978，齊藤俊雄 1984, 85），Charles Lamb（福田昇 1953, 59）等である。

ほかには，直喩，隠喩（山中桂一 1973〜81），放送英語（上田稔 1978，渡辺和幸 1981），科学論文の英語（梅咲敦子 1992），新聞雑誌英語（大井恭子 1986，金野伸雄 1994，高橋潔 1987，深井宏一 1991〜94）を論じたものがある。

ある意味では当然のことであろうが，わが国の文体研究は，古・中英語関係では頭韻詩，脚韻詩等の韻文，近・現代英語関係では小説や詩が主流であり，文学とは直接関係のない散文（いわゆるノン・フィクション）の研究はきわめて少ない。新聞雑誌英語の文体分析は多少見られるが，例えば公文書，法律文書，商用文書，科学英語，広告英語等の文体分析や，放送英語のような話し言葉のスタイル分析はあまり見られない。文学言語の分析においても，最近では，コンピューターを利用した文体分析も試みられており，その他のジャンルでも種々のデータベースが利用できるようになりつつある。この方面の研究は，今後も益々増加するであろう。

　すぐれた研究も多々ある反面，水準以下の著書・論文が多いのもこの分野である。英語を母語とする者とかわらない言語直観が要求される文体研究，とりわけ，わが国に多い文学作品の文体研究は，困難を伴う領域ではあるが，短編小説を一篇ずつ取り上げて，2, 3の語法や語彙等を単に記述するといったような「文体論」からは脱皮すべきであろう。初学者なら前記斎藤兆史氏の『英語の作法』をまず熟読してほしい。研究方法，研究対象ともに，すぐれた先行研究の上に立った，新たな文体論の展開を期待したい。

3.16 語　法

　わが国では，古くから語法研究が非常に盛んである。ひとつには，わが国の英語学が伝統的に英語教育と密接に結びついていたことと関係があるのであろう。語法研究には，主として文法（統語法）に関するものと，語彙に関するものがあるが，両方にまたがったものもある。したがって，統語論，語彙論，あるいは日英語比較関係の文献の中にも，語法研究と見なしてよいものが少なくない。そのような境界的なものまで含めると，総数は膨大なものになるであろう。ここでは，文法的な事柄であろうと，語彙的な事柄であろうと，現代英語の細かい事実の発掘，確認を主眼とした研究を一応「語法研究」と考えて話を進めたいと思う。この分野の発展には，『英語青年』，『英語の研究と教授』及びその後身の『英語教育』，現在は廃刊の『英文法研究』等の雑誌が大きな役割を果たしてきたといってよい。

　わが国の語法研究は，まず『英語青年』を発表の場として始まった。最も初期の市河三喜「英文典瑣談」（1911〜13）をはじめ，大塚高信氏の「実践文法 (1)-(16)」(1937-38)，「文法手帖 (1)-(15)」(1938)，「続実践文法 (1)-(19)」(1943-44)，「文法演義 (1)-(7)」(1947-48) はいずれも同誌に連載されたものである。古いところでは，ほかにも勝俣銓吉郎（1912,

13),南日恒太郎（1914），澤村寅二郎（1917, 19），小日向定次郎（1918），久野朔郎（1919）などがある。30年代及び40年代は，ひとり大塚高信氏の活躍が際立っている。50年前後以降寄稿者は急速に増えるが，主なところは（50音順に）安藤貞雄，江川泰一郎，小川佐太郎，尾上政次，金口儀明，日下部徳次，小西友七，空西哲郎，田桐大澄，中内正利，原沢正喜，福村虎治郎，三浦新市，毛利可信，山川喜久男，吉川美夫，若田部博哉の各氏である。また，『英語の研究と教授』には大塚高信，小林智賀平，富谷基太郎氏ら，後身の『英語教育』には安藤貞雄，空西哲郎，原沢正喜氏らの寄稿が目立つ。数年間刊行された『英文法研究』（研究社，1957-61）には安藤貞雄，空西哲郎，原沢正喜，増田貢，山内不二吉氏らがしばしば寄稿している。これらの雑誌に掲載された論考は大半が研究ノート的な短いものであるが，一読英語の理解に役立つ実用的なものが多かったことで，愛読者も多かったようである。

　わが国の語法研究を盛んにした要因の一つは，53年頃から始まった『英語教育』の「Question Box」欄や，60年頃から始まった『英語青年』の「語法研究」欄の存在であろう。「Question Box」欄は今も変わらず続いており，後に石橋幸太郎氏あるいは渡辺登士氏を代表編者とする『英語語法大事典』4巻本（大修館書店，1966, 1976, 1981, 1995）及びその簡約版（1964, 1977, 1983）にまとめられている。一方，『英語青年』の「語法研究」欄は，近年，談話分析や語用論的なものが

多くなり，教育的，実用的な知識を求めていた読者の要求とはかけ離れたものになっていたが，いつのまにか消滅してしまった。

　英語の語法を扱った叢書に，大塚高信監修〈英語の語法〉全12巻（研究社，1967-69）がある。書き手・話し手の立場に立って記述されたユニークな英文法シリーズである。なお，大塚高信・岩崎民平・中島文雄監修〈現代英文法講座〉（研究社）所収の篠田治夫『現代英語の正用法（上）』(1957)，古賀顯夫『現代英語の正用法（下）』(1957) も，ここで挙げるべきであろう。また，語法研究の方法や参考書を解説した上記〈現代英文法講座〉中の大塚高信『語法の調べ方・総索引』（研究社，1959）及び〈講座・学校英文法の基礎〉の別巻，荒木一雄『語法研究法／総索引』（研究社，1985）は，語法研究を志す者がまず参照すべき基本文献である。やや古い大塚氏の著書を挙げたのは，問題の語法に歴史的展望を与える際に，20世紀半ばの語法書が役立つからである。

　英米でも多く刊行されている語法・慣用法辞典の類に，井上義昌編『英米語用法辞典』（開拓社，1960），大塚高信編『英語慣用法辞典』（三省堂，1961），同『英語表現辞典——英語の語法／語彙篇』（研究社，1969），田桐大澄『英語正用法辞典』（研究社，1970），大塚高信・小西友七共編『英語慣用法辞典〈改訂版〉』（三省堂，1973），荒木一雄ほか編『英語表現辞典　[第二版]』（研究社，1985），荒木一雄『英語正誤辞典』（研究社，

1986），安藤貞雄『英米語用法小事典―英語語法の最新情報―』（大修館書店，1992），安藤貞雄・山田政美編著『現代英米語用法事典』（研究社，1995），荒木一雄編『現代英語正誤辞典』（研究社，1996）がある。なお，「語彙文法」（word grammar）の観点から編纂された小西友七編の『英語基本動詞辞典』（研究社，1980）と『英語基本形容詞・副詞辞典』（研究社，1989）は，約400の動詞と約310の形容詞・副詞に関して，その意味，用法を詳細に記述した大辞典である。第3弾として，約300の名詞を取り上げた『英語基本名詞辞典』（研究社出版，2001）も刊行されている。

　『英語青年』，『英語教育』等の常連寄稿者の研究が単行本になったものに，宮田幸一『教壇の英文法―疑問と解説―』（研究社，1965），安藤貞雄『現代英語の慣用と語法』（文建書房，1967），同『英語語法研究』（研究社，1969），小西友七『現代英語の文法と語法』（大修館書店，1970），同『英語シノニムの語法』（研究社，1976），同『アメリカ英語の語法』（研究社，1981），金口儀明『現代英語の表現と語感』（大修館書店，1977），原沢正喜『現代英語の用法大成―資料・解釈・評価―』（大修館書店，1979），空西哲郎『英語の語法を考える』（九州大学出版会，1985），渡辺登士『英語の語法研究・十章―実例に基づく英語語法の実証的観察』（大修館書店，1989）等がある。

　上記雑誌等によらず，もっぱら紀要，同人誌，学会誌等に発

表されたもので，後に単行本としてまとめられたものも多い。主なものを刊行順に挙げると，上本佐一『語法雑記』(研究社，1953)，同『文法と実際』(研究社，1956)，上本明『現代英語の強意表現』(篠崎書林，1965)，同『現代英語の用法』(研究社，1972)，外山敏雄『現代英語の文法―統計的研究―』(緑風庵私版，1977)，岩井慶光『争点の英文法』(晃学出版，1981)，同『リモコン式英語の語法クリニック―Informants はかく語る―』(弓書房，1982)，八村伸一『英語語法研究の展開』(山口書店，1984)，八木克正『新しい語法研究』(山口書店，1987)，井上貞明『現代英語の実践的研究』(北海道教育社，1989)，三浦敏明『英語副詞の研究―副詞の多様性』(文化書房博文社，1991)，金子稔『現代英語・語法ノート（Ⅰ，Ⅱ）』(教育出版，1991，1997)，柏野健次『意味論から見た語法』(研究社，1993)，田島松二編著『コンピューター・コーパス利用による現代英米語法研究』(開文社，1995)，八木克正『ネイティブの直観にせまる語法研究―現代英語への記述的アプローチ』(研究社，1996)，福井慶一郎『現代英語の語法―英語語法の最新情報―』(三重学術出版会，1996) 等である。最後の福井氏のものは，前記大塚高信・小西友七共編『英語慣用法辞典〈改訂版〉』(1973) の補完を意図した語法辞典形式の書である。より最近のものに，接続詞，程度副詞，否定といった文脈と切り離すことのできない語句や統語現象を扱った田中廣明『語法と語用論の接点』(開拓社，1998) のほか，吉田孝夫

『英語の語法』(晃洋書房, 1998), 柏野健次『テンスとアスペクトの語法』(開拓社, 1999), 八木克正『英語の文法と語法—意味からのアプローチ』(研究社, 1999) などがある。また, 多様で豊富な読書経験から生まれたユニークな語法書として, 吉田一彦氏の『現代英語発見—語法を中心として—』(三修社, 1983), 『現代英語の表情』(研究社, 1986), 『現代英語のセンス』(研究社, 1991), 『現代英語紀行—英語表現・発想のアラカルト』(大修館書店, 1997) がある。長年にわたって語法研究をリードしてきた小西友七氏の門下生による, 小西先生傘寿記念論文集編集委員会編『現代英語の語法と文法：小西友七先生傘寿記念論文集』(大修館書店, 1998) も注目に値する。語法研究14篇, 文法・意味論13篇, 談話分析8篇, 音声研究2篇から成り, 今日の語法研究のありようが集約された論文集である。

　個別論文については, 現代英米語の語法を長年にわたって研究し, 変化の実態を記録し続けた尾上政次 (1950〜1993) や白谷伝彦 (1968〜84) をはじめとして, その数は膨大である。最も成果をあげているのは文法的語法研究であり, 語彙的語法に関するものは少ない。扱われた語法も多種多様である。少し例をあげると, 'help (obj.) (to) do' 型構文における to 出没の問題, 'cannot help but do' 型構文, 'All I could do was (to) wait' 型構文における to 出没の問題, *like* の接続詞用法, *due to* の前置詞用法, 接続詞 *that* の有無, 'be worth (while) (the) doing', 'begin/start doing/to do', 'different from/than/to', 主語と述語の数の一致, everyone/everybody 等の代名詞呼応, 米語の仮定法現在, as if/as though 構文の時制, 等々である。ほかに 'as best one can', 'lord/get/catch it', 'Not that I know of', 'kiss her on the cheek' といったイディオムに関するものもある。語彙的語法研究の例としては,「語の文法」(word grammar) の観点から *get*, *give*, *envy*, *make* といった動詞の語法や, *wisely* 等の文修飾副詞を取り上げたものが多い。また, 英米の辞書, 語法書, 文法書等の検証, さらには特定作家 (Salinger, Mark Twain, Hemingway, Pearl Buck, ほか) の語法を取り上げたものもある。

　従来の語法研究の最大の問題点は, 用例数が少ないことや調査対象が小さかったことである。その伝統的な用例収集法が, パソコンの普及とコーパスと呼ばれる機械可読テキストの出現で変化し始めている。Brown コーパス, LOB コーパスといった, 今や古典的となったデータベースをはじめ, 種々のコーパスや電子テキストを利用した語法研究も 90 年代に入って見られるようになった。藤本和子 (1992), 吉村由佳 (1992), 田島松二 (1993〜96), 許斐慧二 (1993), 松田修明 (1993, 94), 浦田和幸 (1994), 大津智彦 (1995), 新井洋一 (1996), 伊藤晃・光元美佐子 (1997) 等である。そして現在では主流になりつつある。(この「コーパス言語学」と呼ばれるようになった研究分野については, さらに後の〈その他〉の項でふれる。)

語法研究そのものが英語教育と密接に関連していたこともあって，かつては海外文献の紹介的なものや随想風のものも多く，読書の過程で出くわした珍しい用例の紹介といったようなものも少なくなかった。特に，雑誌論文に寄せられた論考はそうである。それはそれなりに意義のあるものであったが，この種の語法研究も今日では急速に減少し，語用論的な語法研究が増加している。しかし紀要や同人誌等に掲載されたものの中には，長い読書の中で収集された豊富な用例を，内外の辞書，語法書，研究書等に照らして注意深く吟味し，新知見を提示した論文も少なくない。尾上政次氏のアメリカ英語やアイルランド英語に関する研究は，その代表的なものである。しかも氏の手法は，わが国の語法研究に最も欠けていた歴史的視点に立ったものであり，今後の語法研究のあり方の範を示している。実は市河三喜氏の研究は最初からそうであったし，その視点は前記田島松二編著（1995）の共同研究にも生かされている。海外でも，アメリカの *Merriam-Webster's Dictionary of English Usage* (Springfield, MA, 1989 & 1994)，イギリスの R. Burchfield (ed.), *The New* Fowler's *Modern English Usage*, 3rd edn. (Oxford, 1996) といったすぐれた語法書は，歴史的な記述を重視している。

　近年，コンピューター・コーパスと呼ばれる膨大なデータベースも利用できるようになっており，研究の方法もおのずから変化せざるを得なくなっている。しかし，いかにコンピュータ

ーが普及し，種々のコーパスや電子テキストが利用できようとも，第一次資料である原典テキストを丹念に自分の目で読み，用例を集めるといった伝統的なデータ収集法の重要性が減ずることはないであろう。英語に対するセンスを磨かないかぎり，すぐれた研究は望むべくもないからである。

3.17 方言学（イギリス英語）

いわゆる方言は，地理的分布に基づく地域方言（regional dialect）と社会階層，職業，年令，性別などから生じる社会方言（social dialect）に大別される。地域方言研究は，A. J. Ellis（1814-90）の *On Early English Pronunciation* 第5巻 *The Existing Phonology of English Dialects Compared with that of West Saxon Speech*（London, 1889）や，Joseph Wright（1855-1930）の不朽の業績 *The English Dialect Dictionary*（London, 1898-1905）に代表されるように，英国でも19世紀末には確立した分野であった。一方，社会方言の本格的な研究は20世紀も50年代に入ってからであり，[11] 盛んになったのは60年代後半以降である。ここでは，わが国で行われたイギリス諸島（British Isles）の地域方言および社会方言研究を概観する。

---

[11] 先駆的業績は A. S. C. Ross, "Linguistic Class-Indicators in Present-day English", *Neuphilologische Mitteilungen* 55（1954），20-56 である。

方言研究とは発音，語彙，文法といった言語現象の地理的分布あるいは社会階層的分布を分析，記述することを主たる目的とする。英語の歴史的研究，とりわけ近代英語期に「標準英語」なるものが確立する以前の英語の研究は，ある意味ではすべてが方言研究であると言ってもよい。しかし，ここではもっと狭義に考えて，方言そのものを主たる研究対象にした文献だけを取り上げる。

わが国における方言研究の草分けともいうべきものは，大正初期の『英語青年』に連載された市河三喜「Irish-English の語法」（1916）あたりである。その後も同誌には，伊地知純正（1918）の Cockney，勝田孝興（1927, 33）のアイルランド方言，森正俊（1925, 26）のスコットランド英語に関する論考が見られる。また，勝田氏には『アングロ・アイリッシュ』（新英米文学社，1934）と『愛蘭英語と蘇格蘭英語』（研究社，1940）といった著書もある。後者はアイルランド英語ばかりでなく，スコットランド英語全般（発音，文法，語彙等）を概観している。しかし何といっても，20世紀前半の方言研究で最大の業績は，早くから方言研究の必要を説いた細江逸記氏のものである。大正末から昭和初期の『英語青年』に55回にわたって連載された「Silas Marner に現はれたる方言に就て」（1926-28）は，後年『ヂョーヂ・エリオットの作品に用ひられたる英国中部地方言の研究』（泰文堂，1935）に結実した。資料は *Adam Bede* と *Silas Marner* で，「音韻篇」，「文法篇」，

「用語句篇」からなる大著である。なお Brontë 姉妹の方言, Lowland Scotch, Wessex 方言を扱ったものは没後『英国地方語の研究』(篠崎書林, 1956) として刊行されている。両書ともに, 今日の水準から見ても, きわめてすぐれた研究である。

50年代以降, イギリス方言, アイルランド方言, スコットランド方言に関する文献も多くなる。通時的なもので, まとまったものとしては, まず佐藤偉, *A Grammar of the Dialect of West Riding* (吾妻書房, 1953) がある。Yorkshire の一部, West Riding の方言を音韻, 形態に分けて歴史的に記述したものである。廣岡英雄『英文学の方言』(篠崎書林, 1965) は, 古英語, 中英語, 近・現代英語方言を概観した後, 近・現代英語の南部, 中部, 北部方言それぞれの 'Specimens' を掲げて注を施したものである。論文には, スコットランド英語を論じた八村伸一 (1988〜93) 等がある。

時代別に見てみると, 方言研究はほとんどが近・現代英語に集中しており, 古・中英語の方言そのものを対象にした研究は少ない。多少目につくのは, Chaucer, *The Canterbury Tales* 中の 'The Reeve's Tale' に見られる北部方言を論じたもの (植嶋康夫 1979, 地村彰之 1990, 山田隆敏 1992) と, *Cursor Mundi* の北部方言語彙を論じたもの (篠田義博 1987, 96) ぐらいである。ほかには, Gower, Barbour's *Bruce*, *The Romaunt of the Rose* の方言が取り上げられている。

わが国の方言研究の特徴は, 昔も今もほとんどすべて文献学

的であることである。つまり実地調査によらず，文学作品等に用いられた方言を資料としている。古・中英語の場合ばかりでなく，近・現代英語方言の場合も同様である。歴史的，地理的状況からしても，当然のことである。そのような研究で，最も重要なものは谷口次郎氏と廣岡英雄氏のものである。谷口氏の *A Grammatical Analysis of Artistic Representation of Irish English with a Brief Discussion of Sounds and Spelling* (篠崎書林，1956，1972[2]) は，主としてアイルランド英語の文法的特徴を記述したものである。豊富な用例はもっぱら戯曲，小説等から収集されているが，疑問点については，当時としては珍しく，インフォーマントも利用されている。廣岡氏の多年にわたる精力的な方言研究は広く知られるところであるが，代表的なものは *Thomas Hardy's Use of Dialect* (篠崎書林，1983) である。発音，文法，語彙にわたる最も包括的で精緻な Wessex 方言の研究である。

　各地の方言を扱った論文は数多いが，大半は文学作品で用いられた方言を対象にしたものである。作家別に主なものを挙げると，Hardy が最も多く，上記廣岡氏のもの以外に，奥村恒夫 (1955)，菊野六夫 (1957〜59)，沢村栄一 (1961, 62)，沢田敬也 (1965)，高橋弥生 (1969)，山本文之助 (1971)，東村久男 (1976)，最上雄文 (1990-91) 等がある。ほかには Galsworthy (角倉康夫 1957，佐久間浩治 1965)，Lawrence (長谷川松治 1956，白井俊隆 1996)，George Eliot (阿波保喬 1967–

70, 花崎栄一 1987) 等の方言が記述されている。Fielding, Swift など 18 世紀英語の方言を論じたものに, 小野捷 (1982), 東村久男 (1974) などがあり, Dickens, Thackeray など 19 世紀英語の地方方言や階級方言を論じたものには, 田中逸郎 (1968〜82) 等がある。Emily Brontë や Maugham の方言を論じたものも散見される。Cockney に関するものも多く, 宮部菊男 (1955), 高橋久 (1958), 近見昌三 (1977-78), 高橋潔 (1979, 89) 等が主なものである。19 世紀地方方言の発音を地域別に論述したものに, 上坂泰次 (1964〜66) がある。

アイルランド英語を扱った論文も多いが, とりわけ教えられるところが多いのは尾上政次 (1961, 65) である。ほかにも中郷安浩 (1966〜81), 藤森一明 (1983〜87) などがある。

スコットランド英語については, 黒田巍 (1959), 難波利夫 (1958〜74), 西村稠 (1948), 村上隆太 (1977〜85), 大和資雄 (1948, 52) 等が発音や語彙を論じている。

社会方言に関しては, 早いところで三宅鴻 (1958), 上野景福 (1962) があり, 最近では杉本豊久 (1981-82), 若月剛 (1990, 91), 高久恭子 (1993-95) 等が階級方言や現代英語の変異性を論じている。

方言学という分野は, 戦前の細江逸記, 戦後の佐藤偉, 谷口次郎氏らの研究に見られるように, 比較的早くから本格的な研究が行われてきた。にもかかわらず, 近年の収穫は廣岡英雄氏

による Hardy の Wessex 方言研究ぐらいである。そもそも方言研究，とりわけ地域方言研究に従事する人が，非常に少なくなってきている。その一方で，〈その他〉の項でふれる社会言語学の発展・展開もあって，イギリス英語の階級方言等の研究は徐々に増加しつつある。

　日本人がイギリス英語の方言を研究する場合，特定の文学作品を資料として発音や語彙，文法を記述することが多いのは当然であるが，問題は，ある作品の目立った方言的特徴を少し挙げるだけといった論文が少なくないことである。イギリス英語の方言研究を目指す者にとって，冒頭でふれた Ellis や Wright の著作は古い時代の所産ではあるが，今もそれなりに有用である。とりわけ，Wright の *The English Dialect Dictionary* (1896-1905) 巻末の 'Grammatical Introduction' を単行本にした *The English Dialect Grammar* (1905) は熟読すべきであろう。より近年のものでは，イングランド方言に関しては Harold Orton, et al. (eds.), *Survey of English Dialects,* 4 vols. (Leeds, 1962-71)，スコットランド方言については James Y. Mather & Hans-Henning Speitel (eds.), *The Linguistic Atlas of Scotland*, 3 vols. (London, 1975-86) など，中英語に関しては Angus McIntosh, et al. (eds.), *A Linguistic Atlas of Late Mediaeval English,* 4 vols. (Aberdeen, 1986) は是非とも参照したいものである。近年は，実地調査による研究や社会言語学的な研究も見られるようになってきている。今後もこの方面か

らの方言研究は増加することが予想されるが，より豊富なデータと緻密な分析に基づく研究が望まれるところである。

3.18 アメリカ・カナダ英語

アメリカ英語の形成がイギリス英語と深くかかわっていることから，アメリカ英語をイギリス英語の一種として見る考え方がないわけではない。しかし英語史的に見ると，初期近代英語，それもShakespeareやMiltonの使っていた英語が，アメリカという新しい土壌に移植されてほぼ400年が経過している。(Jamestownへのイギリスによる最初の定住が1607年，Pilgrim FathersによるPlymouth上陸が1620年のことである。) その間，植民地時代，イギリスからの独立 (1776)，南北戦争 (1861-65)，ヨーロッパ諸国からの大量の移民の到来等を経て現在に至るまでに，アメリカ英語はイギリス英語とは様々な点で異なる独自の発達を遂げた。第二次世界大戦後のアメリカの政治，経済，科学等の分野における優位性もあって，今やアメリカ英語がイギリス英語に強い影響を及ぼし，それに浸透しつつあるというのが実状である。以下，アメリカ英語を中心テーマとしたわが国の研究を取り上げ，総説・一般，方言，黒人英語，英米語比較という4つに分けて，概観する。

カナダ英語については，独自性を主張する向きもないわけではないが，アメリカ英語の一種という見方が今日では定着して

いるように思われるのでここで扱う。

A. 総説・一般

　まず、アメリカ英語の歴史，発音，文法・語法，綴り字，語彙等にわたる全般的な研究を取り上げる。アメリカ英語に関する最も初期の文献は，おそらく大正期に入って間もない『英語青年』に掲載された大岩元三郎「米語の語学的根底」(1913) や厨川白村「Americanism」(1916) あたりであろう。いずれも 'Americanism' を紹介したものである。英語の研究といえば，当然のごとく，イギリス英語の研究を意味した時代のせいか，20世紀前半の研究でまとまったものといえば，重見博一氏の『アメリカ英語―歴史的及び地方的研究』（英語英文学刊行会，1934）及び『米語の発達』（研究社，1941），竹中治郎氏の『アメリカ英語の背景』（国際出版社，1948）と『米語の輪郭』（研究社，1949），それに訳書の斎藤静訳注／アロンシュタイン『米語の研究』（白桃書房，1948）ぐらいである。

　1945 (昭和20) 年8月の太平洋戦争終結を機に日米関係は激変し，あらゆる面でアメリカの影響が圧倒的なものになる。当然，アメリカ英語に関する著書，論文も急速に増加する。アメリカ英語全般を扱った著書で，50年以降刊行された主要なものを発行年順に挙げると，豊田實『アメリカ英語とその文体』（研究社，1951, 1953[2]），竹中治郎『アメリカ英語の知識と用法』（泰文堂，1962），宮田斉『アメリカ英語の楽しさ』

(松柏社, 1977), 若田部博哉『英語史ⅢB (米語史)』(大修館書店, 1985), 竹林滋・東信行・高橋潔・高橋作太郎『アメリカ英語概説』(大修館書店, 1988) である。そのうち, 豊田氏のものは久しくアメリカ英語研究の基本文献であったし, 今なお得るところ少なくない良書であるが, 半世紀も前のものである。それを補ってくれるのが80年代に刊行された若田部氏と竹林氏らの書である。若田部氏の『英語史ⅢB (米語史)』は発音, 文法・語法, 綴字法, 語彙に関して, 方言にも留意しながらアメリカ英語の歴史的背景をたどったものであり, 竹林氏らの『アメリカ英語概説』は社会的背景, 歴史, 語彙, 文法・語法, 方言の各分野にわたって, その実態を叙述したものである。いずれも80年代前半までの内外の研究成果を盛り込んだ, すぐれた概説書である。訳書には, 奥田夏子訳述／T. パイルズ『米語の成立』(研究社, 1959), 松本淳訳／W. A. クレイギー『アメリカ英語の発達』(研究社, 1958), 一色マサ子訳／マークワート『アメリカ英語』(研究社, 1961), 長井善見訳著／A. H. マークワート (著)・J. L. ディラード (改訂)『アメリカ英語―植民地語から国際英語へ』(南雲堂, 1985) 等がある。論文では, アメリカ英語の歴史をたどったものに, 尾上政次 (1951), 藤原喜多二 (1957), 一色マサ子 (1969), 小野茂 (1970) 等があり, 近年の言語事情を論じたものに一色マサ子 (1973), 堀内克明 (1983, 86) などがある。

アメリカ英語の社会的文化的背景を探った著書には, 50年

以前のところでふれた竹中治郎『アメリカ英語の背景』(1948)のほかに，國弘正雄『現代アメリカ英語：クニヒロのアメリカーナ』全3巻（サイマル出版社，1975-79），山田政美氏の『現代アメリカ語法——フィールドノート——』（研究社，1982），『アメリカ英語の最新情報』（研究社，1986），『アメリカ英語文化の背景』（研究社，1991），『現代アメリカ英語を追って』（こびあん書房，1993）等がある。一方，発音，語彙，語法等多方面にわたってアメリカ英語の保守性を論じたものに，江川泰一郎（1952），酒向誠（1956），小林栄智（1975）等がある。

発音に関しては，安倍勇訳／E. T. アンダソン『アメリカ英語の音調』（研究社，1958）のほか，竹林滋（1986），深井宏一（1980〜83），藤井健三（1986，87），渡邊末耶子（1986）等の論文がある。

語彙に関しては，藤井光太郎『アメリカ語要語集』（研究社，1955），大島良行『アメリカ・ウェスタン辞典』（研究社，1981），訳書に松野道男訳／ギー・ジャン・フォルグ『米語の語彙』（白水社，1986）がある。大島氏の辞典は，主として19世紀後半の〈西部〉の歴史に関する様々な語彙を記述したものである。また，豊富な実例に基づいてアメリカ英語の婉曲語法を手際よく紹介した國弘正雄『アメリカ英語の婉曲語法』全3巻（ELEC出版部，1974-75）も，ここで挙げるべきであろう。そしてこの分野で，最近すぐれた研究書が刊行された。後藤弘樹『アメリカ英語方言の語彙の歴史的研究』（中央大学出

版会，1998）である。英米の膨大な文学作品から収集された用例に基づいて，米国各地の方言に今も残る 189 の古語の歴史と現在の使用状況を探求し，その結果をレキシコンの形式で提示した，文字通りの労作である。論文には，その後藤氏の諸論文（1975～96）のほかに，借用語の問題や近年の語彙を論じた雨宮剛（1964, 69），堀内克明（1975），本吉侃（1977～84），川口博久（1981, 83）等がある。

　文法・語法関係は，アメリカ英語研究のなかでも，すぐれた成果が多い分野である。単行本も多い。発行年順に主なものを挙げると，岩崎良三氏の『現代アメリカ英語の用法』（国際出版社，1948）及び『続現代アメリカ英語の用法』（国際出版社，1951），尾上政次氏の『アメリカ語法の研究』（研究社，1953）及び『現代米語文法』（研究社，1957），松田裕氏の『米語の衝撃』（大修館書店，1975）及び『米語のインパクト』（大修館書店，1987），小西友七氏の『アメリカ英語の語法』（研究社，1981）等である。いずれも好著であるが，とりわけ尾上氏の著書は，歴史的観点から，豊富な用例によってアメリカ英語の特性を明らかにしようとした出色の研究書で，Anglo-Irish と米語の比較といった着眼点など今なお学ぶべきところが多い。また忘れてならない訳書に，ドイツの英語学者 G. キルヒナー（Gustav Kirchner, 1890-1966）の大著 *Die syntaktischen Eigentumlichkeiten des amerikanischen Englisch,* 2 vols.（Halle, 1970-72）を全訳した前島儀一郎・丹羽義信・佐野英一・山

岸勝榮訳『アメリカ語法事典』(大修館書店, 1983) がある。邦訳書名は誤解を招きかねないが, いわゆる語法書ではない。アメリカ英語統語法に関する詳細かつ網羅的な, 卓越した研究書である。

　口語・俗語に関するものでは, 前記竹中治郎『米語の輪郭』(1949) のほかに, 佐藤佐市『現代アメリカ口語の研究』(篠崎書林, 1953) と藤井健三『アメリカの口語英語―庶民英語の研究―』(研究社, 1991) がある。なかでも, 藤井氏の著書は網羅的で, 豊富な用例といい, 歴史的考察も加味した懇切な説明といい, すぐれた口語英語研究である。論文としては, 日下部徳次 (1940), 川地健助 (1953), 蔭山友行 (1989) 等がある。

　カナダ英語に関するものは非常に少ない。まとまったものはまだ刊行されておらず, 三宅亨 (1990～91) がカナダ英語の諸相を論じた, ほとんど唯一の研究である。ほかに論文数篇が見られるが, いずれも紹介風のものであり, 本格的な研究はこれからといったところである。しかし, カナダはもちろん, アメリカ, ヨーロッパでもカナダ英語の研究は活発であり, Walter S. Avis and A. M. Kinloch, *Writings on Canadian English 1792-1975: An Annotated Bibliography* (Toronto, 1978) や W. C. Lougheed, *Writings on Canadian English 1976-1987: A Selective, Annotated Bibliography* (Kingston, Ontario, 1988) といった文献書誌さえ刊行されていることを付記しておきた

い。

B. 方言

　17世紀初頭に始まったアメリカ英語も，19世紀半ばにはそれぞれの移民の歴史を反映して地域的な差異が顕著になり始めたと言われている。その一方で，方言差を解消させようとする様々な力（マスメディア，交通網の発達等）も顕著になって今日に至っている。しかし，アメリカ英語に地域的な方言差が存在することは紛れもない事実であるし，また社会階層間に方言差が存在することも広く知られている。アメリカでは両方言ともに研究は盛んであるが，わが国ではどうか。

　最も初期のものは『英語青年』に掲載されたもので，1930（昭和5）年に発足した「合衆国及びカナダ言語地図」（Linguistic Atlas of the United States and Canada）の企画を紹介した坂東省「米国の言語地図」（1933）と，先にふれた重見博一『アメリカ英語—歴史的及び地方的研究』（1934）である。しかし，アメリカ英語の方言に対する関心が高まるのは60年前後からである。

　アメリカの方言全般に関する本格的な著作は，まだ刊行されていない。入門書としては，長井善見訳編／R. I. マクデイヴィッド, Jr.『アメリカの方言—研究と展望』（南雲堂，1975）というすぐれた訳注書がある。原著は W. Nelson Francis, *The Structure of American English* (New York, 1958) に収められ

た R. I. McDavid, Jr.(1911-84)の "The Dialects of American English" である。50年代後半の論文ゆえ，近年の目覚ましい方言学の成果は反映されていないが，70年代前半までの関連文献にも配慮した懇切な訳者注とともに，アメリカ英語に関心を寄せる学徒にとって必読の文献である。また，米国諸方言を論じたものに武本昌三（1967～71），川口博久（1973～78）があり，諸方言の母音音素体系を論じたものに竹林滋（1964～67）がある。

　地域方言研究としては，南部方言を論じたものが最も多い。そのほかには，アパラチア方言，ニューイングランド方言，メイン方言，中西部方言に関するものが散見される。大半の研究は文学作品等に用いられた方言を，発音，語彙，文法等の観点から分析したものである。そのようなもので，多年にわたる研究をまとめたものが，藤井健三『文学作品にみるアメリカ南部方言の語法』（三修社，1984），後藤弘樹『マーク・トウェインのミズーリ方言の研究』（中央大学出版部，1993），豊永彰『アメリカの文学方言』（金星堂，1998）である。豊永氏のものは南部方言のみに限定せず，中西部，東部・北部も含めて，文学方言として用いられた文法，発音を広く扱ったものである。なお，すでに〈特殊辞典・ほか〉の項でふれた藤井健三編著『アメリカ文学言語辞典』（1996）は，アメリカの文学作品に見られる非標準的な綴り字・語形・語法・文法に関する項目を，簡潔な解説と豊富な用例を付して収録した貴重な辞典である。

個別論文で最も多く取り上げられているのは，Mark Twain の方言で，徳永順吉（1956〜61），田辺宗一（1960, 61），森田隆光（1979），井上省紀（1981〜91）等がある。Faulkner の方言は，岡村祐輔（1972），豊永彰（1974〜76），高橋正（1981）等で論じられている。James Lowell の *The Biglow Papers* (1848 & 1867) に見られる Yankee 方言を論じたものに豊永彰（1986），丸茂健蔵（1961）などがある。ほかにも S. Crane, J. Steinbeck, S. O. Jewett らの作品が，吉田弘重（1955〜63），沢田敬也（1966〜69）等で取り上げられている。アラバマ方言（大石五雄 1991），アパラチア方言（葛西清蔵 1969），メイン方言（池宮恒子 1978〜87），インディアナ方言（Hoosierism）（吉田弘重 1963，丸茂健蔵 1968）を観察したものもある。実地調査に基づく方言研究に，南部の音韻と語彙を調査した鈴木進ほか（1985）がある。

社会方言研究で目につくのは，秋本弘介（1970），雨宮剛（1972），大石五雄（1981）などで，予想外に少ない印象を与える。しかし，上記地域方言研究のなかにも社会階層方言研究と重なる部分がかなりあり，次に扱う黒人英語研究は社会言語学的研究の範疇に入るので，必ずしも少ないわけではなさそうである。

C. 黒人英語

黒人英語（Black English）とは何かという問題があるが，

ここでは下層階級に属する黒人の非標準英語と考えて話をすすめる。黒人英語に関するわが国最初の文献は，大正時代の『英語青年』に4回にわたって連載された勝田孝興「Negro Dialect に就て」(1921) あたりであろう。黒人英語に特有の発音と文法を解説したものである。その後は50年代に入ってようやく目につく程度で，多少増加するのは，アメリカでの黒人英語研究の高まりと呼応する70年代以降である。アメリカにおける60年代及び70年代の黒人英語研究の動向は，小西友七 (1970, 78) に詳しい。(筆者らの『わが国の英語学研究文献書誌 1900-1996』は全部で45篇の文献を収録している。)

わが国で黒人英語研究を推進したのは小西友七，長井善見氏らである。単行本としては，訳書が1点ある。黒人英語の歴史と語法を扱った，世界的に見てもおそらく最初の書物である J. L. Dillard, *Black English: Its History and Usage in the United States* (New York, 1972) の小西友七訳『黒人の英語』(研究社, 1978) である。

わが国の研究は，地域方言の場合と同じように，小説等に現れた黒人英語の発音，語形のほかに，不変形 be, 否定構造，完了形といった文法上の特徴を分析したものが大半である。そのような研究で，Mark Twain を資料としたものに，北市陽一 (1960), 大島直樹 (1995), 徳山洋一 (1994, 95) があり，Faulkner を資料としたものに赤井養光 (1961), 高橋正 (1982〜85) がある。J. C. Harris の *Uncle Remus* (1881) に見られ

る南部黒人英語を分析したものに前島清子 (1955), 長井善見 (1965, 75) がある。また角倉康夫 (1954) は Margaret Mitchell, *Gone with the Wind* (1936) の黒人英語を, 緒方進 (1978, 79) は Richard Wright と Alex Haley (*Roots*) の黒人英語を分析している。ほかにも, 梅田巌 (1983), 白谷伝彦 (1975〜1985), 杉本豊久 (1972〜82), 徳山洋一 (1983〜93) 等が黒人英語の諸相を論じている。とりわけ重要な研究は, 黒人英語のゼロ繋辞と不変形 be, 完了相を中心に黒人英語の歴史と脱クリオール化の過程を論述した小西友七「黒人英語の起源と脱クリオール化をめぐって」(『甲南女子大学英文学研究』22 (1986), pp. 152-75) である。[12] さらには South Carolina 州から Georgia 州に至る沿岸地域及びその近海の島々で話されている (英語に基づいたクリオールの) ガラ語 (Gullah) の研究もある。その数少ない貴重な研究は吉田弘重 (1954) と長井善見 (1975, 93) である。

D. 英米語比較

エリザベス朝時代の英語がアメリカ大陸に渡って約400年, アメリカ英語とイギリス英語の間に, 音韻, 語彙, 文法・語法

---

[12] なお, 小西氏にはもっと早く, 『黒人研究』Nos. 5-20 (1956-63) に連載された「黒人英語覚え書」という論文もある。入手困難であったが, 近著『英語への旅路——文法・語法から辞書へ』(大修館書店, 1997), pp. 369-402 に収録された。

上の差異が生じたのはけだし当然であろう。とりわけ，アメリカ英語は新語の形成，他言語からの借入，既存語彙の意味変化等を経て独自の発達を遂げてきた。20世紀に入ってからは，ことに第二次大戦後，アメリカが世界の超大国になったこともあって，アメリカ英語がイギリス英語に影響を及ぼしている。両者の関係は，わが国ではどのように研究されてきたのであろうか。

最も早いものは，明治の終わりから大正初期の『英語青年』に42回にわたって連載された安藤貫一「英語と「米語」」（1911-14）である。典拠は示されていないが，英国人の米語観と語彙比較を紹介したものである。同じく『英語青年』に20回にわたって連載された富田義介（1923-24）はアメリカ英語の独自性を強調した H. L. Mencken, *The American Language* (New York, 1919) の第5章を紹介したものである。この Mencken を下敷きにして，英米語の語彙，発音，綴り字を比較したものが，富田義介『今日の英語と米語』（研究社，1925）であり，その改訂版『英語と米語』（英語英文学講座刊行会，1933）である。その後しばらく関係文献は途絶えたが，戦後になって，発音，アクセント，俗語等を比較した斎藤静「英語と米語」（『新英語教育講座 第九巻』（1949）所収）や竹中治郎『米英語対照辞典』（桂書房，1949）が発表される。後者は約1万5千語を収録した本格的なもので，内容は米英で異なる語を用いる例，米英で異なる意味を持つ例，米語で特殊

な意味に用いられる例，の3部に分かれている。

　50年代以降刊行された単行本には，広瀬貞見『英米語比較論』（酒井書店，1966），山岸勝榮『英語と米語はここが違う』（ジャパンタイムズ，1981），水之江有一編『英語／米語対照辞典』（北星堂，1986），島坂欣一『実用　イギリス英語とアメリカ英語』（篠崎書店，1987），小林永二『英米語比較概論―表現様態を中心に―』（泉屋書店，1991），光永司雄『現代英米語彙・用法ノート』（北星堂，1998）等があるが，いずれも啓蒙・解説書の類である。訳書には，山岸勝榮訳編／ノーマン・モス『えい・べい語考現学　どこがどう違う―』（こびあん書房，1977），豊田昌倫ほか訳／ノーマン・W・シュール『イギリス／アメリカ英語対照辞典』（研究社，1996）があるが，これまた本格的なものではない。論文には，発音を比較した島岡丘（1968），三澤政純（1987～92），18世紀の英米発音を比較した高本裕迅（1984），イントネーションを比較した渡辺和幸（1978，81）等がある。また，語彙を比較したものに富田英一（1958），雨宮剛（1966），水野憲（1966），松田裕（1990）等があり，文法・語法レベルの比較研究には井上佳子（1990），松田裕（1987）などがある。

　20世紀も，早い時期からすぐれた成果をあげてきたイギリス英語研究と比べると，わが国のアメリカ英語研究は実質上太平洋戦争終了後に始まったと考えてよい。したがって，研究文

献も50年前後から急増する。その50年代には,早くも豊田實,尾上政次氏らの本格的,実証的な研究が刊行される。しかし近年の収穫といえば,研究書数点とすぐれた概説書だけというのが実状である。啓蒙的なものや,見聞録的なものが他分野に比べて多すぎるように思われるのは,戦後の日米関係の急激な変化を反映したものであろうか。英米語比較にいたっては常識的なものを並べただけのものもあり,研究とは名ばかりの著作もある。また,カナダ英語に関する本格的な研究は皆無である。

　近年,Matti Rissanen, Merja Kytö らヘルシンキ大学関係者によって,植民地時代のアメリカ英語の研究が盛んに行われているが,わが国では,17, 18世紀の植民地時代はおろか,19世紀アメリカ英語の研究もあまり見られない。どの分野も研究の余地は存分に残されている。これからアメリカ英語の研究を志す人は,少し以前のものでは豊田實氏や尾上政次氏の著書,最近のものでは若田部博哉氏や竹林滋氏らのすぐれた概説書,さらには小西友七,藤井健三,後藤弘樹氏らの著書,論文を熟読することから始めたらどうか。

　方言研究は,実地調査も不可能ではない時代になったが,今後も文学作品等に用いられた方言を資料としたものが中心となるであろう。そのような研究方法の制約,限界は承知の上で,今なお刊行中の *Linguistic Atlas of the United States and Canada* (1939-) や *Dictionary of American Regional English*

(1985-)，それに学術誌 *American Speech*（1925/26-）や *Journal of English Linguistics*（1967-）等に掲載される論文や関連研究書の活用が望まれる。黒人英語を含む社会階層方言の研究も今後一層の進展が期待される分野である。

3.19　日英語比較

　言語学的には，比較言語学（comparative linguistics）という場合は親縁関係のある言語間の比較であり，そうでない言語間の比較は対照言語学（contrastive linguistics）と呼ばれる。日本語と英語という2つの言語間の構造とか，語彙，発音等の比較・対照といった研究は対照言語学の一部である。このような研究は，わが国では英語教育のために行われたものが始まりであり，近年は言語学の観点からも音声，文法といった構造面，語彙面，あるいは文化面といった諸々の面の比較が行われている。著書，論文，叢書，雑誌の特集等の形で発表される論考は，伝統的な比較から構造言語学的，さらには生成文法的，最近では語用論的，認知言語学的分析まで混ざり，まさに玉石混交，百花繚乱の賑わいを見せている。（実際のところ，研究文献もどのくらいあるのかわからない。この分野は早急に本格的な書誌が編纂される必要があるのではないか。）

　質，量ともにわが国が世界に誇れる数少ない分野の一つであるが，本格的な研究が活発になるのは70年代以降であり，そ

れ以前は散発的である。[13] 近年の傾向としては，言語理論とのからみで研究活動が展開されており，そのような観点からの叢書類も数点刊行されている。

　まず包括的な研究からみてゆく。古いところでは，戦前の澤村寅二郎『日本語と英語の比較』(研究社，1940) があるが，先駆的業績として挙げるべきは，20世紀も後半になって刊行された楳垣実氏の『日英比較語学入門』(大修館書店，1961) と『日英比較表現論』(大修館書店，1975) であろう。いずれも英語教育と密接に関連して著された伝統的な比較・対照論であるが，音韻，文法，語彙に関する豊富な資料は有用である。同じく伝統的なものとしては，主として文法体系を比較した空西哲郎『英語・日本語』(紀伊国屋書店，1963) や三戸雄一『日英両語表現法比較研究』(神戸商科大学学術研究会，1966)，同『日英対比　英米語の表現文法』(金星堂，1974)，喜多史郎『日英語比較論』(修光社，1968)，同『日英動詞比較論』(修光社，1972) がある。構造言語学，変形生成文法や意味・語用論など，言語学の成果を反映したものとしては，国広哲弥『構造的意味論―日英両語対照研究―』(三省堂，1967)，大江三郎『日英語の比較研究　主観性をめぐって』(南雲堂，1975)，牧野成一『くり返しの文法―日・英語比較対照―』(大

---

[13] 日英語比較研究の初期から1978年頃までの研究については，『月刊　言語』1979年2月号及び3月号所載の田中春美「日英語対照研究の現状 (上)(下)」で概括されている。

修館書店，1980)，中野道雄『日英語対照研究』(神戸市外国語大学，1981)，安藤貞雄『英語の論理・日本語の論理—対照言語学的研究—』(大修館書店，1986)，澤田治美氏の『視点と主観性：日英語助動詞の分析』(ひつじ書房，1993) 及び *Studies in English and Japanese Auxiliaries*(ひつじ書房，1995)，吉川千鶴子『日英比較 動詞の文法』(くろしお出版，1995)，松村瑞子『日英語の時制と相—意味・語用論的観点から』(開文社，1996)，宮前一廣『日英比較 前置詞の文法』(松柏社，1998)，丸田忠雄・須賀一好編『日英語の自他の交替』(ひつじ書房，2000) 等がある。いずれも本格的な日英語比較対照研究である。論文としては，澤登春仁，八村伸一，毛利可信，矢部義之，吉川寛氏らが様々な視点から日英語を比較している。

　領域別に見ると，日英両語の発想と表現を比較したものが多い。この種の単行本としては，長谷川潔『日本語と英語—その発想と表現』(サイマル出版，1974)，最所フミ『英語と日本語—発想と表現の比較—』(研究社，1975) が豊富な用例を提供してくれる。論文には，谷崎潤一郎『細雪』や川端康成『雪国』の英訳等を資料として，発想法を比較したものなどがある。

　音声比較は好んで取り上げられた領域であるが，まとまったものとしては，戦時中の豊田實『日英語比較音声学』(研究社，1944) が最も初期のものである。50年以降のものには，酒向

誠『比較音声学試論—英語・日本語—』(英潮社, 1979), 本間弥生『日英語の音響音声学』(山口書店, 1985) がある。論文は, 古くは市河三喜氏が Otto Jespersen の古希記念論文集に寄稿した "The Pronunciation of English Loan-Words in Japanese" (1930) がある。50年以降では, 安倍勇 (1955), 一色マサ子 (1957), 太田朗 (1965), 竹林滋 (1975), 高久恭子 (1980), 中岡典子 (1992〜94) 等がある。

　語彙の面では, 前記国広哲弥『構造的意味論—日英両語対照研究—』(1967), 〈語彙論〉の項でもふれた服部四郎『英語基礎語彙の研究』(1968) が体系的な語彙比較を行っている。生成文法の枠組みによる研究には, 影山太郎『日英比較　語彙の構造』(松柏社, 1980) がある。論文では様々な語彙, とりわけ色彩語, 擬声・擬音・擬態語に関するものが多い。今村泰子 (1990〜95), 森戸由久 (1992〜95), 丸山孝男 (1986), 山田良治 (1971〜79) 等である。

　統語面では, 語順研究が最も多く (佐藤年男 1960, ほか), 言語類型論の立場から語順を取り上げたものに宮原文夫 (1988〜95) がある。次いで指示詞 (千葉修司・村杉恵子 1987, 白谷敦彦 1995), 時制と相 (高瀬はま子 1977, 80), 態 (福村虎治郎 1951, 樋口時弘 1972〜75, 和田四郎 1981), 否定, 代名詞等に関する論考が多い。

　社会言語学的な研究は70年代から注目されるようになった分野であるが, 単行本には小林祐子『身ぶり言語の日英比較』

(ELEC 出版部，1975）がある。論文としては，呼称・敬語表現（高博教 1989，90，ほか），挨拶行動（小林祐子 1981〜86，ほか），身体語比較（志方紀子 1982〜83，ほか），女性言葉（山沢かよ子・高水孝枝 1969，ほか）を扱ったものがある。また家族に関するメタファーや語彙を論じたもの（山田伸明 1989〜93）もある。

　英語圏で開発された言語理論が英語を材料とすることが多いのは当然であるが，その普遍妥当性の検証には，英語とは異なる言語を取り上げることになる。高度のレベルの言語知識，言語直感を要求する現在の言語理論研究において，わが国の研究者が日本語の研究あるいは日英語の対照研究に向かうのも，これまた当然であろう。この傾向は80年代から目立っており，数点の関連叢書も刊行されている。従来の研究成果を踏まえた上で，80年頃までの研究最前線をまとまった形で提供することを目指した企画に，国広哲弥編〈日英語比較講座〉全5巻（大修館書店，1980-82）がある。第1巻：今井邦彦ほか『音声と形態』（1980），第2巻：黒田成幸ほか『文法』（1980），第3巻：国広哲弥ほか『意味と語彙』（1981），第4巻：中野道雄ほか『発想と表現』（1982），第5巻：鈴木孝夫ほか『文化と社会』（1982）から構成されている。その後の15年の理論研究（生成文法と認知言語学）の進展を踏まえた90年代の企画が，中右実編〈日英語比較選書〉全10巻（研究社，1997-98）である。第1巻：巻下吉夫・瀬戸賢一『文化と発想とレトリック』

(1997)，第 2 巻：神尾昭雄・高見健一『談話と情報構造』(1998)，第 3 巻：赤塚紀子・坪本篤朗『モダリティと発話行為』(1998)，第 4 巻：廣瀬幸生・加賀信広『指示と照応と否定』(1997)，第 5 巻：中右実・西村義樹『構文と事象構造』(1998)，第 6 巻：田中茂範・松本曜『空間と移動の表現』(1997)，第 7 巻：鷲尾龍一・三原健一『ヴォイスとアスペクト』(1997)，第 8 巻：影山太郎・由本陽子『語形成と概念構造』(1997)，第 9 巻：竹沢幸一・John Whitman『格と語順と統語構造』(1998)，第 10 巻：窪薗晴夫・太田聡『音韻構造とアクセント』(1998) である。90 年代のもうひとつの企画は，柴谷方良・西光義弘・影山太郎編〈日英語対照研究シリーズ〉(くろしお出版，1992-) である。先のふたつの叢書と異なり，各巻がひとつの理論的枠組み内における日・英語対照研究を特徴とするシリーズで，現在までのところ，第 1 巻：三原健一『時勢の解釈と統語現象』(1992)，第 2 巻：泉子・K・メイナード『会話分析』(1993)，第 3 巻：窪薗晴夫『語形成と音韻構造』(1995)，第 4 巻：高見健一『機能的構文論による日英語比較』(1995)，第 5 巻：影山太郎『動詞意味論：言語と認知の接点』(1996)，第 6 巻：田守育啓ほか『オノマトペ：形態と意味』(1999)，第 7 巻：西垣内泰介『論理構造と文法理論：日英語のWH現象』(1999) の計 7 点が刊行されている。いずれの叢書もそれぞれの時点で最新の言語学的知見が盛り込まれている。しかし 90 年代に刊行されたふたつの叢書は，それぞれの

言語理論に通じていないものにとって，内容理解はそれほど容易ではない。

わが国で行われる英語学の研究は，意識すると否とにかかわらず，何らかの意味で日英語比較が根底にあるといってよい。とりわけ，それが必要なのは英語教育や辞書編纂の面であろう。初期においては，多くの場合，著者の好みによるバラバラな項目を比べるだけで，記述の仕方も随想風のものが多かった。構造言語学，（変形）生成文法，社会言語学，意味・語用論等の発展が，この種の比較・対照研究の学問的水準を高めるのに貢献したのであろう。70年代に入って質の高い研究が多数生み出されている。しかし言語構造そのものの比較はもちろん，身ぶり言語の比較といったような言語行動と密接に結びついた現象や社会言語学的な比較等はまだこれからである。今後も種々の言語理論に立脚した比較研究がなされるのであろうが，あまりに抽象的な理論に依存しすぎると，現実の英語教育や辞書編纂といった応用面には役立たない。理論，実践の両面にわたってバランスのとれた比較研究が行われるためには，研究者自身が日英両語に言語学的に通じていることはもちろん，双方の文化・社会にも通じている必要があることは言うまでもない。

3.20 その他

本書で便宜上採用した19の分野に含めることが不適切もしくは困難と考えられた研究文献は,すべて「その他」に収録している。ここでは,それらをさらにいくつかの分野に分けて,わが国の研究を概観してみる。

〈社会言語学〉

社会言語学とは,言語と社会の関係を調査研究する分野である。地域による言語の変種(variety),すなわち地域方言(regional dialect)の研究自体は,欧米では19世紀から行われてきた。年令,性別,職業,社会階層などの社会的要因によって区別される変種,つまり社会方言(social dialect)の研究も,代名詞による呼びかけの研究などはすでに20世紀初頭から見られる。(例えば,A. G. Kennedy, *The Pronoun of Address in English Literature of the Thirteenth Century* (Stanford University Press, 1915) など。) しかし真に盛んになるのは1960年代後半以降である。社会的,文化的現象としての言語を研究対象とする点を除けば,研究の目的も方法も実に多種多様である。現実に書かれ,話されている言語の研究は,ある意味ではすべて社会言語学に含まれることになるが,本書では,「社会言語学」という章を設けなかった関係上,例えば,

3.20 その他　181

　音韻に重きをおいた社会言語学的な研究は〈音韻論〉の項で，統語法に重きをおいた社会言語学的な研究は〈統語論〉の項で，黒人英語の研究は〈アメリカ英語〉の項ですでに扱った。また，〈方言学（イギリス英語）〉の項でも一部ふれている。以下，これまで言及していない社会言語学的な研究を概観する。

　わが国で社会言語学的な研究が散見されるようになるのは，70年代に入ってからである。William Labov（1927-），Peter Trudgill（1943-），James Milroy（1933-）らの著作の影響もあって，80年代以降，文献も漸増する。20世紀前半のものは非常に少ないが，それでも本格的な研究がすでに昭和の初期には見られる。名詞による「呼びかけ表現」を論じた鈴木重威「近代英語に於けるVocativeの研究」(1928)，誓言（swearing）に関する澤村寅二郎「Shakespeareに於けるswearingの或る形式について」(1932)，中島文雄「Swearingその他」(1933)，桝井迪夫 "On Swearing in *The Canterbury Tales*" (1940)である。俗語，地口等に関する研究ノート的なものはもっと古くから見られ，大橋榮三（1914〜18），佐々木学（1931），和気律次郎（1931）等が『英語青年』に掲載されている。さらに戦後すぐの『英語青年』には，市河三喜「世界語としての英語」(1947)，佐々木達「言語と社会」(1947)，大塚高信「シェイクスピアのThouとYou」(1949)などが見られる。そのうち，大塚氏の論文は，後にわが国でも盛んになる呼びかけ語としての2人称代名詞の研究である。また，佐々木達氏の論文

は，社会言語学という用語こそ使われていないが，その全般を概観したもので，婉曲表現，誓言，古語，地域方言，階級方言，職業方言，タブー等を具体的な環境との関係において論じたものである。両論文ともに今日の社会言語学の先駆的研究として注目に値する。

　20世紀も後半に入ると，単行本も刊行される。ただし，女性語や呼びかけ語の章を含む萩原文彦『ブロンディの英語』（研究社，1960）を除けば，すべて80年代以降のものである。刊行年次順に挙げると，敬意表現の分析，体系化を試みた大杉邦三『英語の敬意表現』（大修館書店，1982）をはじめ，畑中孝實・富士裕・高田諭・小竹ヘザー『英語のバリエーション─地域・社会・状況・文学における英語のゆれ─』（南雲堂，1983），山岸勝榮『イギリスの言葉と社会』（こびあん書房，1984），井手祥子・荻野綱男・川崎晶子・生田少子『日本人とアメリカ人の敬語行動─大学生の場合』（南雲堂，1986），小林素文『様々な英語─母語として，民族語として─』（研究社，1988），中村敬『英語はどんな言語か─英語の社会的特性』（三省堂，1989），高橋みな子『英語の呼称─ことばにみる人間関係』（近代文芸社，1995），平野町幸『言語と社会の諸相』（近代文芸社，1996）等である。啓蒙・解説的なものも少なくないが，従来わが国になかった視点が生かされた研究として評価されるべきであろう。なお，〈英語学大系〉中の柴谷方良ほか『英語学の関連分野』（大修館書店，1989）所収の津田葵「社

3.20 その他　183

会言語学」がこの分野を概説している。

　論文は数多く，しかも様々な問題が取り上げられている。質量ともにすぐれているのは呼称（代名詞あるいは名詞による呼びかけ語）の研究である。Shakespeare のころまでは，2人称代名詞は本来の単数形である *thou, thy, thee* に加えて，本来複数形の *ye*（*you*），*your, you* が単数形として用いられ，それが人間関係を区別するために使い分けられたことから，2人称代名詞の研究は欧米でも20世紀初頭にはすでに見られた。わが国でも，先にふれた大塚高信（1949）がすでに取り上げた問題である。対象時代順に，中英語関係では，Chaucer（内田尚1973），*Sir Gawain and the Green Knight*（伊藤栄子1993，加藤直良1992），Caxton（安藤栄子1979），Malory（岡田忠一1975），中英語ロマンス（村中亮子1982～87）の用法が論じられている。初期近代英語関係では，Shakespeare に集中し，種々の作品（野口フサエ1958，横井雄峯1979），*Julius Caesar*（大塚高信1949），*Hamlet*（藤原喜多二1961，高路善章1993，伴浩美1996，ほか），*The Merchant of Venice*（柳田恭子1969，小林典子1984），*Tempest*（植嶋康夫1983），*King Lear*（米田泰子1969）の用法が分析されている。これら以外では，18世紀初頭の John Gay, *The Beggar's Opera* の *thou* と *you* を分析した小西弘信（1996）ぐらいである。名詞の呼びかけ語を扱ったものとしては，先述の鈴木重威（1928）が最も早く，70年代以降のものには鈴木孝夫（1970），吉田孝

夫 (1971),高橋みな子 (1977〜95),高久恭子 (1985),吉村秀幸 (1987),長谷川ミサ子 (1989),田中廣明 (1993) 等がある。

　言語の性差を取り上げた論文は,男ことばと女ことばの差異,性差別語,女性語を扱ったものが多い。Chaucer の *Troilus and Criseyde* における Criseyde の言語を社会言語学的観点から分析した地村彰之 (1993〜94) を除けば,ほかはすべて現代英語を対象としたものである。主なものを挙げると,井上佳子 (1979〜86),小林智恵子 (1979〜94),杉本豊久 (1980),助川尚子 (1981),本庄朗子 (1984〜86),阿部美枝子 (1987〜90),岩井千秋 (1988),清水富美代 (1988〜92),河内清志 (1990),岩崎里子 (1991),寺澤盾 (1992),河井迪男 (1996) 等である。

　誓言 (swearing) や婉曲語 (euphemism) の研究も盛んである。誓言に関する唯一の単行本は,刊行されたばかりの高増名代『英語のスウェアリング―タブー語・ののしり語の語法と歴史』(開拓社, 2000) である。誓言の心理,言語,歴史,さらには社会との関係を詳細に論じた本格的な研究書である。誓言を史的に観察した論文に石坂一雄 (1972〜74) がある。中英語関係では,Chaucer (主に *Canterbury Tales*) の誓言を論じたものに,早いものでは桝井迪夫 (1940),50 年代以降では繁尾久 (1957),武居正太郎 (1978),野原康弘 (1994) 等がある。しかし他の中世の作家・作品に関する研究は見られない。時代

は下って，近代英語では Shakespeare（伊藤義兼 1965, 後藤弘樹 1984～85, ほか），Congreve（藤木白鳳 1958），18 世紀戯曲（河井迪男 1983）等が取り上げられている。現代英語の婉曲語を論じたものに，上野景福（1956），堀内克明（1966），中尾清秋（1974），小田三千子（1991）等がある。

　社会言語学の主要テーマの一つである言語接触の問題に関しては，古英語に関する綾野誠紀（1991, 92），初期中英語に関する村上隆太（1975），太田垣正義（1984），ハワイ日系人や日系カナダ人の英語に関する伊勢紀美子（1980～85）等があり，言語変化論については大森裕實（1995）などがある。ピジン，クリオールを論じたものに岡本誠（1985, 92），岡村徹（1992）等があり，世界各地の英語変種を取り上げたものには松村好浩（1967～86）がある。Fielding や Austen 等に見られる階級言語を論じたものに浮網佳代子（1993），末松信子（1997）などがある。また音韻や語法を社会言語学的に観察したものに日比谷潤子（1990），梅田巌（1994）などがある。

〈コーパス言語学〉

　コンピューターで処理可能な言語資料（コーパス）を利用して，言語の分析・記述を行う研究がコーパス言語学（corpus linguistics）と呼ばれるようになったのは 90 年代に入ってからである。誕生したのは 60 年代初頭のアメリカであるが，実際に開花するのは実証主義的伝統の残る 80 年代のヨーロッパに

おいてである。それも，最初のアメリカ英語コーパス Brown Corpus（1964）から10年余遅れて編纂された，イギリス英語コーパスの LOB Coprus（1978）が利用できるようになってからである。パソコンの発達・普及もあって90年前後からめざましい発展を遂げ，関連学会・機関の旺盛な活動もあり，入門書や概説書，本格的な研究書も続々と刊行されている。わが国でも，90年代に入ってコーパスやコーパス言語学に対する関心が高まり，1993年には「英語コーパス研究会」（現在の「英語コーパス学会」）も設立され，研究者の数も急速に増えつつある。しかしコーパス言語学はいわゆる研究方法論であり，目指すはコーパスを使った語彙研究であったり，統語法研究であったり，あるいは語法研究であったりする。したがって，それぞれの分野ですでにふれたものもある。

　この種の研究で，例外的に早いものに竹蓋幸生『コンピューターの見た現代英語』（エデュカ出版部，1981）がある。ほかはすべて90年代のもので，齊藤俊雄編『英語英文学研究とコンピュータ』（英潮社，1992），田島松二編著『コンピューター・コーパス利用による現代英米語法研究』（開文社，1995），岡田毅『実践「コンピュータ英語学」─テキストデータベースの構築と分析─』（鶴見書店，1995）である。最近のものに，齊藤俊雄・中村純作・赤野一郎編『英語コーパス言語学─基礎と実践─』（研究社，1998）がある。コーパス言語学をその基礎から応用まで総合的に概説したもので，現時点で望みうる最高

の入門書である。その後,鷹家秀史・須賀廣『実践コーパス言語学―英語教師のインターネット活用』(桐原書店,1998)も刊行された。

　通時コーパスの最近の動向を伝えるものとしては,齊藤俊雄(1996)が有益である。古・中英語に関するわが国の電子コーパスについては,久保内端郎(1995)に詳しい。古英語関係では,OEDに見られる *Beowulf* からの引用を検討した渡辺秀樹・岩根久(1992)がある。古・中英語関係を資料としてコンピューター利用による研究の可能性を探ったものに,水鳥喜喬・岡田啓(1984～85),久保内端郎(1989),酒井倫夫(1992),水鳥喜喬(1992)等がある。

　コーパス言語学の動向を紹介したものに,赤野一郎(1989～91),赤野一郎・藤本和子・吉村由佳(1990～91),中村純作(1994)等があるが,日進月歩の世界,この種の情報は絶えず刷新される必要があろう。OEDのCD-ROM版利用に関する問題点や実際の利用法は,丸谷満男(1994),新井洋一(1995),渡辺秀樹(1995)等で論じられている。コーパスから得られる情報から,どのような分析が可能かを具体的に論じた中村純作(1985～95)も参考になる。

〈オーストラリア・ニュージーランド英語〉

　オーストラリア英語,ニュージーランド英語に関する研究は60年代から散発的に見られるが,やや多くなるのは80年代に

入ってからである。それも，大部分はオーストラリア英語に関するものであり，一般的な傾向や発音，語彙に関する紹介的な論文である。まとまった研究書は今のところ刊行されていないが，訳書には沢田敬也ほか訳／W. S. ラムソン『オーストラリアの英語―語彙の歴史的研究』（オセアニア出版，1985）がある。論文には，歴史，語彙，発音を扱った松村好浩（1967, 68）や，発音を取り上げた尾崎一志（1968），坂本武（1968），山崎真稔（1975, 77）がある。最近のものでは，全般的な特徴を記述した森本勉（1985），200年にわたるオーストラリア英語史を扱った山崎真稔（1988）がそれぞれ有用である。

　ニュージーランド英語に関するものはわずか数点しかないが，すでに単行本が刊行されている。その沢田敬也『ニュージーランドの英語』（オセアニア出版，1981）は，社会的背景，発音，語彙，慣用法，方言等を概観したものである。論文としては，発音を扱った松村好浩（1974），発音と語彙を論じた関根応之（1975, 79），宮崎茂子（1982）などがあり，社会言語学的な見地からオーストラリアとニュージーランドを研究したものに森戸由久（1987）がある。

〈諺〉

　諺，金言，格言の類は中世でも広く行われていたし，16, 17世紀文学でも文体上の技巧としてしばしば用いられている。したがって，欧米では研究も盛んであり，例えば，B. J. Whiting

の *Chaucer's Use of Proverbs* (Cambridge, MA, 1934) 及び *Proverbs, Sentences, and Proverbial Phrases from English Writings Mainly before 1500* (Cambridge, MA, 1968), M. P. Tilley の *A Dictionary of the Proverbs in England in the Sixteenth and Seventeenth Centuries: A Collection of the Proverbs found in English Literature and the Dictionaries of the Period* (Ann Arbor, MI, 1950) のような本格的研究もある。わが国で最も古い研究は，おそらく大正初期の『英語青年』に掲載された大橋榮三「諺語の研究」(1915) である。昭和初期には秋鹿重彦『英語俚諺集』(新英米文学社，1933) という小冊子も刊行されている。しかし何といっても諺研究の白眉は，現代英語の諺，諺的表現，金言，格言等を収集した大塚高信・高瀬省三編『英語諺辞典』(三省堂，1976) である。この辞典についてはすでに〈特殊辞典・ほか〉でやや詳しくふれた。ほかにも，高瀬省三『英語格言名句集』(開文社，1952)，篠田武清『英語の諺・古言の研究』(篠崎書林，1956)，磯川治一『英語の諺』(三省堂，1957) 等がある。

　論文は，古くは上記大橋榮三 (1915) があるものの，ごく少数で，本格的な研究が最も手薄な分野でもある。対象時代別に見ると，古英語では *Beowulf* の金言・格言 (gnomes) を取りあげた田島松二 (1980)，中英語では Chaucer の諺を分析した市川雅雄 (1987, 95)，*Paston Letters* の諺を論じた松本憲尚 (1988) ぐらいである。初期近代英語関係では，Shakespeare

（栗駒正和 1962, 篠田武清 1981), Marlowe (後藤光康 1960), エリザベス朝（皆川三郎 1975) の諺が論じられている。現代の諺に関しては，諺に表現された医の教訓を考察した加藤幸一 (1990〜96), 鼠に関する諺の日英比較研究に宿谷良夫 (1996), ほかに林洋和 (1993) などがある。

〈本文校訂〉

本文校訂の業績でおそらく最も早いものは，戦前の大塚高信氏のものであろう。日英通商開始の使命を帯びて 1613 年に来航した，イギリス人 John Saris (1580?-1643) の日記の校訂本 *The First Voyage of the English to Japan by John Saris* [A Transcription of the MS copy of John Saris's Journal, Collated with the Two Other Versions of the Same Journal]（東洋文庫, 1941) である。

20 世紀も後半になると，古・中英語関係のテキストが数点校訂，刊行されている。数こそ少ないが，いずれもわが国から発信された世界の中世英語英文学界への貴重な貢献である。刊行年順に挙げると，厨川文夫, Walter Hilton: *Eight Chapters on Perfection*（慶応義塾大学言語文化研究所, 1967), 宮部菊男 "The Vernon Version of the Ancrene Riwle (1) (2)" (*Poetica* 11 (1979) & 13 (1982)), 高宮利行 "Walter Hilton's *Of Angels' Song* edited from the British Museum MS Additional 27592" (*Studies in English Literature*, English Number

1977），頭韻詩 Pearl の本文校訂を含む成瀬正幾『中世英詩「真珠」の研究』（神戸商科大学学術研究会，1981），池上忠弘編, *The Lyfe of Ipomydon I & II* （成城大学，1983 & 1985），小林栄智編, *The Story of 'Apollonius of Tyre' in Old and Middle English* （三修社，1991），最近のものでは，日本語訳も付した田口まゆみ・横山茂樹編著 *Cleanness* （英潮社，1993），和田葉子編訳, *"Temptations" from Ancrene Wisse* （関西大学出版部，1994），池上恵子編, *Barlaam and Josaphat: A transcription of MS Egerton 876 with notes, glossary, and comparative study of the Middle English and Japanese versions* （New York: AMS Press, 1999），小川浩編注 "Life of St Martin (MSS Junius 85-86)" (*Studies in the History of Old English Prose* ［南雲堂，2000］ 所収）である。なお池上恵子氏のものは『中世イギリス聖人伝『バルラームとヨサファトの物語』写本校訂と比較研究』（学書房，1991）の改訂英語版であるが，キリシタン本の加津佐版として16世紀にわが国にも伝わった聖者伝の中英語版に関する研究である。また20世紀最後の年に，久保内端郎氏を代表者とする「中世英語写本研究会（Tokyo Medieval Manuscript Reading Group)」による *Electronic Parallel Diplomatic Manuscripts of 'Ancrene Wisse'* (2000-) の刊行が始まった。まだ 'Preface and Parts 1-3' のみであるが，2002年末の完成を目指したプロジェクトが終了した暁には，初期中英語の研究に，ひいては

英語の史的研究に力を発揮することであろう。

　本文批評関係では，早いものに大塚高信「サー・トーマス・モア劇の『加筆三頁』の書誌学的研究」(1948) がある。「加筆三頁」の筆者を Shakespeare であるとする Dover Wilson の説 (1923) に対する批判を展開したものである。最近のものでは，地村彰之・松尾雅嗣・中尾佳行編, *A Comprehensive List of Textual Comparison between Blake's and Robinson's Editions of 'The Canterbury Tales'* (大学教育出版, 1995) と，地村彰之・中尾佳行・松尾雅嗣編, *A Comprehensive Textual Comparison of 'Troilus and Criseyde': Benson's, Robinson's, Root's and Windeatt's Editions* (大学教育出版, 1999) の 2 点が，本文・写本異同研究の新しい成果として注目に値する。重要な論文には，Malory の Winchester 版と Caxton 版を比較検討した野口俊一 (1963) や中尾祐治 (1993) がある。

〈注釈・訳注〉

　20世紀前半から後半にかけて刊行された〈研究社英文学叢書〉(1921-32)，〈研究社英米文学叢書〉(1947-68)，〈詳注シェイクスピア双書〉(1963-67) 等の叢書を始め，各種の注釈・訳注本が英語のテキストを正確に読むという点において，わが国の英語英文学研究の水準向上に果たした功績は計り知れない。ところが近年は，本格的なものはほとんど刊行されなくなっている。例外は古・中英語に関するものである。

3.20 その他

　上記〈本文校訂〉でふれた古・中英語校訂本には，当然詳細な注釈が付されている。また，すでに〈総説・一般〉の項でふれた鈴木重威氏の『古代英詩　哀歌』(1967)，『古代英詩　ベオウルフ』(1969)，『古代英詩　宗教詩』(1972)，宮部菊男編『中英語テキスト』(1974)，さらに〈個別作家・作品の言語〉の項で言及した市河三喜（注釈）『Chaucer's *Canterbury Tales* (The Prologue)』(1934)，大山俊一（注釈）『Geoffrey Chaucer, *The Canterbury Tales* (Prologue)』(1956)，市河三喜・松浪有（編注）『Chaucer's *Canterbury Tales* (General Prologue)』(1987)，苅部恒徳・笹川寿昭・小山良一・田中芳晴編・訳・注『原文対訳「カンタベリィ物語・総序歌」』(2000)は，いずれも伝統的な注釈書である。ほかに，*Beowulf* の対訳・注解書である山口秀夫編著『古英詩ベーオウルフ』(泉屋書店，1995)，Chaucer の注解書である武居正太郎氏の『家扶の物語』(文化評論出版，1975)，『船長の物語』(文化評論出版，1977)，『粉屋の物語』(文化評論出版，1981)，『免罪説教師の物語』(文化評論出版，1993)，さらには添田裕氏との共編注 *Selected Tales from Chaucer* (同潤社，1968) がある。長期にわたって刊行が続いている訳注書，中世英国ロマンス研究会訳『中世英国ロマンス集』(篠崎書林，1983-) も第4集が2001年に1月に上梓された。紀要等に掲載されたものに，古英語関係では，*Beowulf* (西出公之1984〜85)，Ælfric (井上省紀1993〜94)，*The Prose Legend of St. An-*

drew（井上省紀 1994〜95），Alfred（山元正憲 1974〜89），*Apollonius of Tyre*（道行助弘 1990〜95），Bede（道行助弘 1988，89）に関する注釈がある。中英語関係では，*The Owl and the Nightingale*（土屋唯之 1985〜89），*Sir Gawain and the Green Knight*（土屋唯之 1989），*Octovian Imperator*（西村秀夫 1990〜91），Capgrave, *Abbreuiacion of Cronicles*（植月徹 1996）に関する注釈がある。

　近代英語関係では，文学研究者によるすぐれた注解書が数点刊行されている。例えば，鈴木富生訳註『「シロップシアの若者」詳註Ⅰ，Ⅱ』（Ⅰ：荒竹出版，1982；Ⅱ：八潮出版，2000），田吹長彦注解／ロバート・バイロン『チャイルド・ハロルドの巡礼　第一編—第三編』（九州大学出版会，1993-98），西村富皓『詳注　ヴェニスの商人』（南雲堂，1995）などである。

〈翻訳論〉

　翻訳論に関しては，表現構造や意味の諸相を論じた章を含む成瀬武史『翻訳の諸相—理論と実際—』（開文社，1978）が唯一の本格的な研究書である。最近刊行された平子義雄『翻訳の原理—異文化をどう訳すか—』（大修館書店，1999）は，言語学に基づく理論化を目指したドイツ語学者による翻訳論である。聖書の翻訳を論じたものには，寺澤芳雄『欽定英訳聖書—その成立と書誌学的解説—附 AV 用語集』（南雲堂，1982）の

ほか，Wyclif 訳（米倉綽 1984, 86），John Cheke 訳（長瀬浩平 1995），RhemishVersion（浜島敏 1969），現代語訳（浜島敏 1969〜71，大野一男 1978）に関するものがある。ほかには，Caxton の翻訳の方法を語彙，統語法の面から考察した池上恵子（1984）や，日本語短篇の英訳の問題を論じた池田拓朗（1966）などがある。

〈ほか〉

C. K. Ogden が I. A. Richards の協力をえて，1930 年に発表した国際補助語の一つ Basic English に関する論考も，岡倉由三郎『アングリックとベイシック』（新英米文学社，1934），高田力『ベーシック英語』（研究社，1941）という小冊子のほかに，土居光知（1932），中村一雄（1952），相沢佳子（1990）等の論文がある。

また Adam Smith の言語観（小林智賀平 1941），Jonathan Swift の英語観（藤野正克 1985），George Orwell の米語観（富原芳彰 1952），言語改良者としての G. B. Shaw（皆川三郎 1967）に関する論文もある。

ジェスチャーを言語学的に考察したものに，西原忠毅氏の『英語とジェスチャー』（松柏社，1961）と『ジェスチャー英語』（九州大学出版会，1984）がある。

最後に，20 世紀前半のわが国の英語学研究を代表した市河三喜，岩崎民平，中世英語英文学研究の発展に力のあった厨川

文夫の各氏の論文や随想を集成したものが，それぞれ *Collected Writings of Sanki Ichikawa*（開拓社，1966），『厨川文夫著作集』（金星堂，1981），『岩崎民平文集』（研究社，1985）として刊行されていること，さらに昭和の英語学の泰斗中島文雄氏のエッセイ集『英語の時代に生きて』（研究社，1989）もあること，最近になって小西友七『英語への旅路——文法・語法から辞書へ——』（大修館書店，1997），安井稔『英語学の門をくぐって』（開拓社，1997），太田朗『私の遍歴——英語の研究と教育をめぐって』（大修館書店，1998）も出版されたことを付記しておきたい。師や友，そして書を語り，研究や教育の苦楽を語る先達の滋味溢れるエッセイに心を打たれること必定である。

　以上，「その他」に含めたいくつかの分野のうち，わが国でも80年前後から盛んになってきた社会言語学，90年前後から盛んになってきたコーパス言語学を中心に見てきた。両分野とも，ようやく本格的な研究が始まったばかりである。社会言語学的研究は，中英語ではChaucer，初期近代英語ではShakespeareに集中しており，2人称代名詞の研究に見られるように，全くの重複も散見される。研究対象の広がりと深まりが切望される。

　言語データの収集や分析にあたって，コンピューターを利用するコーパス言語学的研究は今後益々増加するであろう。しか

し，通時的研究はもちろん，共時的研究においても，外国語である英語の研究にあたっては，機械利用以前の問題としてフィロロジーの素養が必要と思われるがどうであろうか。

その他の分野でも，文献に依存した研究の多いわが国では，厳密なテキストの読みが文学，語学研究の前提であることを考えると，20世紀の前半にはきわめて活発であった訓詁・註釈作業や，英米文化の理解に欠かせない諺，金言，格言等の研究ももっと行われてよいように思われる。

4

回顧と展望

　これまで，いわゆる学問的あるいは本格的な英語の研究が始まったと考えられる20世紀初頭からその最後の年である2000年までの100年間に，わが国の英語学がたどった歩みを，伝統的な研究を中心に概観してきた。

　英語学という学問分野が明治の末期にわが国に紹介されて程なく，研究はほとんど全分野に及び，しかもそのどの分野でもかなり早い時期から高度の研究が行われてきた。当然時代的制約もあり，日本人が日本人のために日本語で行った研究であるから，国際的と呼ぶことがふさわしいかどうかは異論のあるところであろう。しかし，質的には，かなり早い時期から国際的レベルの研究・教育活動が行われてきたと言ってよいであろう。先達の慧眼と努力に深い敬意を覚えずにはいられない。近年では，名実ともに国際的な貢献と呼ぶにふさわしい著書，論文も数多く生み出されている。この100年間に，わが国の英語学研究が蓄積した成果は間違いなく賛嘆に値する。しかし，その一方で，わが国の英語学研究の将来に危惧の念を覚えるのは

筆者ひとりではあるまい。

　わが国の英語学研究の開祖ともいうべき市河三喜氏はヨーロッパ流の英語学をわが国に根づかせ発展させるために，大正から昭和の初めにかけて多くの分野・領域でもっぱら啓蒙的な仕事に従事した。それはわが国における英語学黎明期の時代的要請でもあったのだ。そのような先駆者，開拓者としての努力が市河氏の衣鉢を継いだ大塚高信，岩崎民平，中島文雄，佐々木達，山本忠雄氏らにおいて結実・開花し，各方面において昭和期の英語学研究の水準を一挙に高めるに至ったのである。とりわけ，大塚高信氏の功績は大きい。氏は伝統的な英語学が扱うほとんど全分野で著訳者，編者，監修者としておびただしい著作物を刊行する一方，後継者の育成にも尽力した。しかし，20世紀も後半に入ると，わが国の英語学は伝統文法からアメリカ構造言語学へ，さらには（変形）生成文法等の理論研究へと大転換を経験し，伝統文法線上にある大塚氏の偉業は今日ほとんど忘れ去られてしまった感がある。かつては，Lawrence 博士門下の豊田實，土居光知といった英文学者として高名な方々がすぐれた英語学研究を行ったり，逆に岩崎民平，中島文雄氏ら英語学者が英米文学作品のすぐれた注解作業を行ったりした時代があった。英文学と英語学が今日ほど乖離していなかった，ある意味では牧歌的な時代のことである。わが国の学問的土壌が，長い間，英国風フィロロジー，平たく言えば訓詁の学であったことと無関係ではないであろう。英語が苦労して習得せざ

るをえない外国語であるという厳粛な事実を思い起こすとき，幸せな時代だったと言うべきか。その幸せな時代の最後を体験した筆者からみれば，そのような雰囲気の中で英語英文学を学んだことが「わが心のアルカディア」になって久しい。

　今や時は流れ，人も代わった。そして学問研究に取り組む姿勢も大きく変化した。現代英語理解のための基礎知識として必要な古英語，中英語はもちろん，シェイクスピアなど初期近代英語を代表する作家たちさえ読まれることもない。英文学史はおろか，今日の英語が成立した経緯やそれを取りまく社会的文化的な背景に関する知識なども，全く無用のものとなってしまった。場合によっては研究対象も英語でなくてよいのである。しかし，である。英語力もおぼつかない研究者による「英語学」研究にいかほどの意味があるのであろうか。

　20世紀も中葉までの英語英文学徒は，基本的にはまず近・現代英語を読むことに精力を注いでいたことがわかる。シェイクスピアなどの文学に親しみ，楽しみながら英語の構造や歴史の研究を行ったのである。しかし，見方によっては，一部の選ばれた人だけに許された学問の贅沢でもあった。このような人たちが研究活動を行った20世紀前半と異なり，後半，とりわけ60年代前後からは，大学の新・増設等で研究者数が爆発的に増え，それに伴って研究も多様化，細分化され，やがて戦前にはほとんど見られなかった言語理論の研究が大半を占めるようになる。そのことの是非については，やがて歴史が明らかに

するであろう。が，その最も大きな要因は，戦後，いわゆる「新言語学」がアメリカからわが国の研究・教育の場に相次いで，それもほとんど無批判的に移入されたことである。

　50年代に導入されたアメリカ構造言語学が下火になるかならないうちに，60年代には誕生間もないチョムスキー流変形生成文法が紹介され，以後30年余もわが国の英語学界を席巻した。近年では認知意味論や認知文法論といった認知言語学の試みも行われている。とどのつまり，伝統的な英語学（フィロロジー）とは視点も目標も異なる「新言語学」を伝統的な英語学の発展と捉え，その伝統的な英語学を研究・教育の場から放棄するという動きがひろがり，「新言語学」にあらざるものは英語学ではないかのごとき風潮を生み出した。それが今日に至るまで重大な影響を及ぼしている。まことに不幸なことであったと言わねばならない。

　肝心の言語理論も変化・変遷がめまぐるしく，近年益々抽象化の度合いを強めている。門外漢にはおぼろげな理解すら困難となり，もはや無縁の存在になりつつある。言語学の一部門として行われたのであればまだしも，それが伝統的な英語英文学という枠組みの中で行われたのであるから，英語学と英文学の乖離を招いたのは当然のことであろう。英語という言語を，その背後にある文化や社会，歴史と切り離して教える「言語理論」に，わが国の英文科学生が興味を持てないのも無理からぬことではないか。英文学の授業で作品を読んで楽しむのではな

くて，作品は読まずにひたすら文学理論ばかり教えるようなものである。わが国の英語学の将来に危惧の念をいだく所以である。

　歴史に，もしも，は禁物であるが，もしも市河三喜，大塚高信氏らの伝統的な英語学が健全な発展を遂げていたら，今日のヨーロッパ諸国，とりわけ顕著な業績を積み上げてきた北欧諸国と，今以上に比肩し得る成果を上げていたのではないか，と思わずにはいられない。国の内外を問わず，特定の理論に基づいた研究が数年を待たずして無意味になった例は数多いし，若くして消え去った「俊才」も少なくない。めまぐるしく変転する理論研究をいくら追いかけても，外国語である英語が少しも読めるようにならない，あるいはわかるようにならないところに究極の問題があるように思われる。加えて，近年，研究分野の偏りが顕著である。統語論，意味・語用論といった一部の分野は過密で，英語学導入の初期から見られた英語学史，文字・綴り字・句読法，形態論，地名・人名研究，方言学，文体論，諺・金言・格言研究，注解作業等の分野では過疎化が急激に進んでいる。

　欧米の学問の摂取，紹介という形で始まったわが国の英語学は，100年たった今も，相変わらず翻訳とか紹介といった啓蒙活動に莫大な精力を費やしている。本来，翻訳・紹介といった仕事は途方もない能力と努力を必要とする作業である。それが不可欠であった20世紀前半とは，その意味・意義は当然異な

るはずであるが，そもそも翻訳紹介に値しないものから，専門家が原書でしか読まないようなものまで訳出されている。教育の場ではそれも多少は必要であろうが，研究の場では国際的レベルで競争しなければならない時代に入っている。いくつかの研究分野では，かなり早い時期から欧米に比べて遜色のない仕事が行われてきたし，現在も行われている。しかし，歴史の評価に多少とも耐えうる成果といえば，今のところはほとんどが実証的な研究か，それを踏まえた理論的研究のみである。そのことを考えると，わが国における英語学という分野の研究・教育のあり方は見直すべき時期にきている。

　言い古されたことかもしれないが，わが国の英語学は欧米の研究成果を追いかけるのに忙しすぎたのではないか。だとすれば，時に立ち止まって反省することも必要であろう。わが国で欧米流の英語学研究が始まってほぼ100年である。先達が蓄積したすぐれた業績に学ぶ謙虚な姿勢と，丁寧に，じっくりと第一次資料（テキスト）を読み，そして考えるという原点に立ち帰ることから，外国語である英語の研究の新しい展望も開けてくるのではなかろうか。何よりも，日本人として英語を研究することの意味を，われわれはもう一度本気で考えてみるべきではないか。そしてそれを考えるとき，20世紀前半，言い換えれば，大正および昭和前半のわが国の英語学を築いてきた先達の遺した足跡ほど格好の手本はあるまい。

人名索引

和文（50音順）と欧文（アルファベット順）に配列した。

和文索引

相沢佳子 あいざわ・よしこ 132, 195
相田周一 あいた・しゅういち 89
赤井養光 あかい・やすみつ 168
赤須薫 あかす・かおる 111
赤祖父哲二 あかそふ・てつじ 123
赤塚紀子 あかつか・のりこ 178
赤野一郎 あかの・いちろう 186, 187
上利政彦 あがり・まさひこ 141, 143
秋鹿重彦 あきしか・しげひこ 189
秋保慎一 あきほ・しんいち 122, 125
秋本弘介 あきもと・ひろすけ 167
秋元実治 あきもと・みのじ 98, 103
秋山平吾 あきやま・へいご 140
東好男 あずま・よしお 125
アダムズ Adams, William（三浦安針） 7
安倍勇 あべ・いさむ 76, 78, 162, 176
阿部美枝子 あべ・みえこ 184
雨宮剛 あめみや・つよし 163, 167, 171
綾野誠紀 あやの・せいき 185
荒木伊兵衛 あらき・いへえ 8

新井一彦 あらい・かずひこ 142
新井洋 あらい・ひろし 92
新井洋一 あらい・よういち 151, 187
荒木一雄 あらき・かずお 24, 25, 26, 27, 46, 52, 53, 55, 56, 58, 59, 65, 74, 75, 92, 143, 147, 148
荒木源博 あらき・もとひろ 98
有泉敬次郎 ありいずみ・けいじろう 92
アロンシュタイン Aronstein, P. 6, 160
阿波加清志 あわか・きよし 124
阿波保喬 あわ・やすたか 156
アンダソン Anderson, E. T. 162
安藤栄子 あんどう・えいこ 89, 183
安藤貫一 あんどう・かんいち 170
安藤貞雄 あんどう・さだお 27, 45, 52, 58, 59, 66, 92, 132, 146, 148, 175

飯田秀敏 いいだ・ひでとし 74
飯塚茂 いいづか・しげる 75
家入葉子 いえいり・ようこ 89
家木康宏 いえき・やすひろ 133
筏津成一 いかだつ・せいいち 142
生田少子 いくた・しょうこ 182

[205]

池上恵子 いけがみ・けいこ 191, 195
池上忠弘 いけがみ・ただひろ 63, 191
池上昌 いけがみ・まさ 63, 75
池上嘉彦 いけがみ・よしひこ 24, 28, 46, 48, 53, 85, 99, 130, 132, 139, 141
池田拓朗 いけだ・たくろう 141, 195
池田祐重 いけだ・ゆうじゅう 143
池宮恒子 いけみや・つねこ 167
池谷彰 いけや・あきら 56
石井旭 いしい・あきら 89
石井三郎 いしい・さぶろう 97
石井白村 いしい・はくそん 140
石川林四郎 いしかわ・りんしろう 96
石黒昭博 いしぐろ・てるひろ 46
石黒魯平 いしぐろ・ろへい 64, 97
石坂一雄 いしざか・かずお 184
石澤千代吉 いしざわ・ちよきち 81, 93
石橋幸太郎 いしばし・こうたろう 23, 25, 26, 44, 46, 53, 56, 58, 114, 129, 130, 146
石原田正廣 いしはらだ・まさひろ 70
伊勢紀美子 いせ・きみこ 185
磯川治一 いそかわ・はるかず 140, 142, 189
市河三喜 いちかわ・さんき 9, 15, 16, 17, 18, 20, 21, 22, 24, 30, 37, 42, 43, 50, 52, 54, 57, 59, 62, 64, 72, 73, 80, 81, 82, 83, 90, 96, 97, 107, 110, 118, 135, 145, 152, 154, 176, 181, 192, 195, 199, 202
市川繁治郎 いちかわ・しげじろう 120
市川雅雄 いちかわ・まさお 189
伊地知純正 いぢち・すみまさ 154
一宮榮 いちのみや・さかえ 96, 107
一色マサ子 いっしき・まさこ 137, 161, 176
井手祥子 いで・さちこ 182
井出鹿雄 いで・しかお 142
井手光 いで・みつ 86
伊藤晃 いとう・あきら 151
伊藤栄子 いとう・えいこ 88, 183
伊藤健三 いとう・けんぞう 120
伊藤孝治 いとう・こうじ 89
伊藤忠夫 いとう・ただお 98
伊藤弘之 いとう・ひろゆき 52, 54, 55, 66, 104, 126, 140, 143
伊藤冨士麿 いとう・ふじまろ 110
伊藤正義 いとう・まさよし 138
伊藤光彦 いとう・みつひこ 104
伊藤義兼 いとう・よしかね 70, 185
稲木昭子 いなき・あきこ 133, 142
稲積包昭 いなづみ・かねあき 92, 126
稲村松雄 いなむら・まつお 114
乾亮一 いぬい・りょういち 97, 119, 129
井上健三 いのうえ・けんぞう 108
井上貞明 いのうえ・さだあき 149
井上省紀 いのうえ・しょうき 167,

193
井上佳子 いのうえ・よしこ 171, 184
井上義昌 いのうえ・よしまさ 53, 59, 117, 122, 147
今井邦彦 いまい・くにひこ 24, 53, 76, 78, 177
今井光規 いまい・みつのり 70, 124, 138, 143
今里智晃 いまざと・ちあき 112, 114
今村泰子 いまむら・たいこ 176
入江啓太郎 いりえ・けいたろう 93, 141
岩井千秋 いわい・ちあき 184
岩井慶光 いわい・よしみつ 149
岩崎里子 いわさき・さとこ 184
岩崎民平 いわさき・たみへい 18, 22, 23, 72, 73, 78, 90, 110, 112, 116, 147, 195, 199
岩崎春雄 いわさき・はるお 63, 66, 70, 81, 87, 88, 101, 112
岩崎良三 いわさき・りょうぞう 163
岩下生栄 いわした・しょうえい 101
岩堂保 いわどう・たもつ 96
岩根久 いわね・ひさし 187

植嶋康夫 うえしま・やすお 155, 183
上田一雄 うえだ・かずお 73
上田敏 うえだ・びん 8
上田稔 うえだ・みのる 74, 143
植月徹 うえつき・とおる 194
上野景福 うえの・かげとみ 101, 102, 103, 157, 185
上野義和 うえの・よしかず 93,
132
植村良一 うえむら・りょういち 86, 137
上本明 うえもと・あきら 149
上本佐一 うえもと・さいち 120, 149
宇尾野逸作 うおの・いっさく 133
鵜飼盈治 うかい・えいじ 38
宇賀治正朋 うかじ・まさとも 27, 37, 55, 85, 89, 91
宇佐美邦雄 うさみ・くにお 54
鵜澤伸雄 うざわ・のぶお 112
内田尚 うちだ・しょう 88, 183
畝部典子 うねべ・のりこ 100
楳垣実 うめがき・みのる 174
梅咲敦子 うめさき・あつこ 143
梅田巌 うめだ・いわお 169, 185
梅田修 うめだ・おさむ 98, 99
梅田倍男 うめだ・ますお 104, 141
浦田和幸 うらた・かずゆき 111, 138, 151
ウルマン Ullmann, S. 132
海野昭史 うんの・あきふみ 139

江川泰一郎 えがわ・たいいちろう 91, 146, 162
江澤哲也 えざわ・てつや 34
衛藤安治 えとう・やすはる 89, 100
遠藤敏雄 えんどう・としお 140

及川典巳 おいかわ・のりみ 101
大井恭子 おおい・きょうこ 143
大石五雄 おおいし・いつお 167
大泉昭夫 おおいずみ・あきお 30,

31, 33, 46, 56, 63, 97, 101, 124
大岩元三郎 おおいわ・もとさぶろう 160
大内覚之助 おおうち・かくのすけ 37
大江三郎 おおえ・さぶろう 28, 58, 78, 94, 130, 138, 174
大久保忠利 おおくぼ・ただとし 133
大澤銀作 おおさわ・ぎんさく 142, 143
大沢ふよう おおさわ・ふよう 85
大島巌 おおしま・いわお 70, 81
大島直樹 おおしま・なおき 168
大島良行 おおしま・よしゆき 162
大杉邦三 おおすぎ・くにぞう 182
大関康博 おおぜき・やすひろ 137
太田朗 おおた・あきら 14, 24, 25, 26, 28, 38, 45, 47, 47, 54, 56, 65, 76, 78, 92, 93, 131, 176, 196
太田垣正義 おおたがき・まさよし 98, 185
太田聡 おおた・さとし 178
大谷繞石 おおたに・じょうせき 72
大塚高信 おおつか・たかのぶ 9, 14, 18, 19, 22, 23, 24, 25, 26, 38, 42, 43, 44, 47, 48, 53, 57, 65, 69, 77, 83, 90, 91, 97, 119, 122, 135, 145, 146, 147, 149, 181, 183, 189, 190, 192, 199, 202
大塚虎男 おおつか・とらお 93
大槻博 おおつき・ひろし 88
大津智彦 おおつ・のりひこ 151

大野一男 おおの・かずお 195
大場啓蔵 おおば・けいぞう 69
大橋榮三 おおはし・えいぞう 96, 181, 189
大橋義昌 おおはし・よしまさ 141
大庭幸男 おおば・ゆきお 94
大村喜吉 おおむら・きよし 8, 14, 36, 47, 72
大森裕實 おおもり・ゆうじつ 185
大山俊一 おおやま・としかず 62, 192
大山敏子 おおやま・としこ 140
岡倉由三郎 おかくら・よしさぶろう 12, 15, 17, 18, 68, 72, 73, 195
岡田啓 おかだ・あきら 187
緒方進 おがた・すすむ 169
岡田毅 おかだ・たけし 186
岡田忠一 おかだ・ただかず 46, 89, 183
岡田尚 おかだ・ひさし 39
岡富美子 おか・ふみこ 86, 88, 100
岡村徹 おかむら・とおる 185
岡村俊明 おかむら・としあき 103, 143
岡村弘 おかむら・ひろし 58
岡村祐輔 おかむら・ゆうすけ 167
岡本誠 おかもと・まこと 185
小川明 おがわ・あきら 94
小川佐太郎 おがわ・さたろう 146
小川繁司 おがわ・しげじ 112
小川浩 おがわ・ひろし 54, 86, 88, 137, 191
沖田知子 おきた・ともこ 142
興津達朗 おきつ・たつろう 45

荻野綱男 おぎの・つなお 182
奥田夏子 おくだ・なつこ 161
奥浩昭 おく・ひろあき 93
奥村恒夫 おくむら・つねお 156
奥村譲 おくむら・ゆずる 139
小倉美恵子 おぐら・みえこ 74,75
小倉美知子 おぐら・みちこ 84,86
小栗敬三 おぐり・けいぞう 76,78
小黒昌一 おぐろ・しょういち 102,124
尾崎一志 おざき・かずし 188
小沢準作 おざわ・じゅんさく 115
忍足欣四郎 おしたり・きんしろう 39,112
小田卓爾 おだ・たくじ 124
小田三千子 おだ・みちこ 185
織田稔 おだ・みのる 93,131
尾上政次 おのえ・まさじ 28,146,150,152,157,161,163,172
小野恭子 おの・きょうこ 39
小野茂 おの・しげる 27,39,47,51,54,59,84,88,99,105,119,137,138,161
小野祥子 おの・しょうこ 86,101,137
小野捷 おの・はやし 37,52,55,59,78,80,92,93,103,104,157
尾野秀一 おの・ひでいち 122
小原平 おばら・おさむ 70
織家肇 おりや・はじめ 143

貝原洋二 かいはら・ようじ 88,139

加賀信広 かが・のぶひろ 178
柿沼孝子 かきぬま・たかこ 131
筧寿雄 かけい・ひさお 76,78,122
影山太郎 かげやま・たろう 26,176,178
蔭山友行 かげやま・ともゆき 164
影山泰彦 かげやま・やすひこ 69
葛西清蔵 かさい・せいぞう 58,167
笠原五郎 かさはら・ごろう 76
梶田優 かじた・まさる 56,93
柏野健次 かしの・けんじ 149,150
加島祥造 かじま・しょうぞう 111
梶山正登 かじやま・まさと 73
片山寛 かたやま・ひろし 12,15,72
片山嘉雄 かたやま・よしお 78
勝田孝興 かつた・たかおき 154,168
勝俣銓吉郎 かつまた・せんきちろう 117,120,145
加藤幸一 かとう・こういち 190
加藤知己 かとう・ともみ 39,89,114,123
加藤直良 かとう・なおよし 183
角倉康夫 かどくら・やすお 156,169
門田匡 かどた・ただし 46
金口儀明 かなぐち・よしあき 120,146,148
金子健二 かねこ・けんじ 36
兼子尚道 かねこ・なおみち 78
金子稔 かねこ・みのる 149
金野伸雄 かねの・のぶお 143

兼弘正雄 かねひろ・まさお 73, 78
鎌谷ミチ かまたに・みち 142
鎌田幸雄 かまた・ゆきお 139
神尾昭雄 かみお・あきお 178
上條辰藏 かみじょう・たつぞう 134
上梨恵子 かみなし・けいこ 75
唐木田茂明 からきだ・しげあき 89
苅部恒徳 かりべ・つねのり 62, 192
河合茂 かわい・しげる 64, 83
河井迪男 かわい・みちお 67, 184, 185
河内清志 かわうち・きよし 184
河上誓作 かわかみ・せいさく 56, 57, 130, 132
川口博久 かわぐち・ひろひさ 163, 166
川崎晶子 かわさき・あきこ 182
川崎潔 かわさき・きよし 53, 92, 93
河田徳二 かわだ・とくじ 67
川地健助 かわち・けんすけ 164
川端喬 かわばた・たかし 138
河原重清 かわはら・しげきよ 142
神田乃武 かんだ・ないぶ 117
菅野正彦 かんの・まさひこ 101, 137

菊地清明 きくち・きよあき 138
菊池武信 きくち・たけのぶ 11, 72
菊野六夫 きくの・むつお 77, 78, 156
木坂千秋 きさか・ちあき 97

岸田隆之 きしだ・たかゆき 81
岸田直子 きしだ・なおこ 89
北市陽一 きたいち・よういち 168
喜多史郎 きた・しろう 174
北村一郎 きたむら・いちろう 101
北村達三 きたむら・たつぞう 80
北村孝一 きたむら・よしかつ 122
北山顕正 きたやま・あきまさ 69, 70
木塚晴夫 きづか・はるお 120
木下浩利 きのした・ひろとし 94
木原研三 きはら・けんぞう 43
木村達雄 きむら・たつお 142
木村建夫 きむら・たてお 89, 126
木村哲夫 きむら・てつお 124
木村正史 きむら・まさし 107
喜安璡太郎 きやす・しんたろう 90
浄住勤護 きよずみ・きんご 142
吉良文孝 きら・ふみたか 133
キルヒナー Kirchner, G. 163

日下部徳次 くさかべ・とくじ 70, 78, 146, 164
楠田震 くすだ・しん 94
国広哲弥 くにひろ・てつや 26, 112, 122, 131, 174, 176, 177
國弘正雄 くにひろ・まさお 162
久野朔郎 くの・さくろう 38, 68, 97, 146
久保内端郎 くぼうち・ただお 33, 51, 80, 85, 88, 92, 100, 136, 187, 191
窪園晴夫 くぼぞの・はるお 78, 178
隈元貞広 くまもと・さだひろ 52,

138
熊山晶久 くまやま・あきひさ 120
久屋孝夫 くや・たかお 125
倉田達 くらた・たつ 84
倉長真 くらなが・まこと 66
栗駒正和 くりこま・まさかず 190
栗原豪彦 くりはら・たけひこ 94
栗原基 くりはら・もとい 12, 36
厨川白村 くりやがわ・はくそん 160
厨川文夫 くりやがわ・ふみお 20, 23, 37, 51, 54, 55, 61, 190, 195
グリーン Green, J. 114
クレイギー Craigie, W. A. 161
黒川新一 くろかわ・しんいち 78
黒田成幸 くろだ・しげゆき 177
黒田巍 くろだ・たかし 25, 73, 110, 157
桑原輝男 くわはら・てるお 76
郡司利男 ぐんし・としお 39, 58, 99, 121, 122

小池一夫 こいけ・かずお 100
小泉保 こいずみ・たもつ 76
上坂泰次 こうさか・たいじ 157
河野守夫 こうの・もりお 78
高博教 こう・ひろのり 177
高本捨三郎 こうもと・すてさぶろう 76
高本裕迅 こうもと・ゆうじん 171
古賀顯夫 こが・ひでお 147
古賀允洋 こが・よしひろ 54
小迫勝 こさこ・まさる 143
小島義郎 こじま・よしろう 28, 110, 111, 114, 116, 131
小竹ヘザー こたけ・ヘザー 182

コーツ Coates, J. 132
五島忠久 ごとう・ただひさ 86, 112, 115
後藤弘樹 ごとう・ひろき 162, 166, 172, 185
後藤正紘 ごとう・まさひろ 132
後藤光康 ごとう・みつやす 190
小西友七 こにし・ともしち 28, 58, 93, 112, 120, 146, 147, 148, 149, 150, 163, 168, 169, 172, 196
小西弘信 こにし・ひろのぶ 183
許斐慧二 このみ・けいじ 151
小林絢子 こばやし・あやこ 70
小林永二 こばやし・えいじ 171
小林栄智 こばやし・えいち 80, 126, 162, 191
小林智恵子 こばやし・ちえこ 184
小林智賀平 こばやし・ちかひら 46, 50, 59, 146, 195
小林典子 こばやし・のりこ 183
小林英夫 こばやし・ひでお 81, 135
小林素文 こばやし・もとふみ 182
小林祐子 こばやし・ゆうこ 123, 176, 177
小林資忠 こばやし・よしただ 142
小日向定次郎 こびなた・さだじろう 146
児馬修 こま・おさむ 89
小嶺幸祺 こみね・こうき 78
小山良一 こやま・りょういち 192
近藤達夫 こんどう・たつお 76

最所フミ さいしょ・ふみ 120, 121, 175

斎藤静 さいとう・しずか 21, 50, 55, 65, 91, 121, 160, 170
斎藤武生 さいとう・たけお 123
斎藤勇 さいとう・たけし 16
齊藤俊雄 さいとう・としお 51, 89, 93, 124, 143, 186, 187
斎藤秀三郎 さいとう・ひでさぶろう 9, 117
斎藤弘子 さいとう・ひろこ 78
斎藤祐蔵 さいとう・ゆうぞう 120
斎藤兆史 さいとう・よしふみ 141
酒井陽之 さかい・きよし 74
酒井倫夫 さかい・つねお 89, 187
坂下昇 さかした・のぼる 121
坂本武 さかもと・たけし 188
佐久間浩治 さくま・こうじ 156
桜井益雄 さくらい・ますお 39
酒向誠 さこう・あきら 78, 162, 175
笹井常三 ささい・つねぞう 123
笹川潤子 ささがわ・じゅんこ 75
笹川寿昭 ささがわ・ひさあき 88, 192
佐々木謙一 ささき・けんいち 108
佐々木達 ささき・たつ 18, 23, 43, 44, 48, 57, 58, 91, 97, 134, 135, 181, 199
佐々木冨美雄 ささき・ふみお 138
佐々木学 ささき・まなぶ 181
貞方敏郎 さだかた・としろう 142
佐藤清 さとう・きよし 16, 134
佐藤佐市 さとう・さいち 164
佐藤修二 さとう・しゅうじ 100
佐藤年男 さとう・としお 176
佐藤弘 さとう・ひろむ 111
佐藤偉 さとう・まさる 155, 157

佐藤寧 さとう・やすし 77
佐藤陽子 さとう・ようこ 137
佐野英一 さの・えいいち 163
澤田治美 さわだ・はるみ 132, 133, 175
沢田敬也 さわだ・よしなり 121, 156, 167, 188
澤登春仁 さわのぼり・はるひと 175
沢村栄一 さわむら・えいいち 156
澤村寅二郎 さわむら・とらじろう 16, 96, 134, 146, 174, 181

シェーラー Scheler, M. 66, 98
志方紀子 しかた・みちこ 177
志賀勝 しが・まさる 142
繁尾久 しげお・ひさし 142, 184
重見博一 しげみ・はくいち 160, 165
篠田武清 しのだ・たけきよ 189, 190
篠田治夫 しのだ・はるお 147
篠田義博 しのだ・よしひろ 88, 101, 138, 155
篠原久介 しのはら・きゅうすけ 68
四宮満 しのみや・みつる 139, 142
芝垣哲夫 しばがき・てつお 104
柴田省三 しばた・しょうぞう 45, 101, 103
柴谷方良 しばたに・まさよし 26, 178, 182
柴田黎児 しばた・れいじ 64
渋江保 しぶえ・たもつ 8
島岡丘 しまおか・たかし 31, 77, 171

島坂欣一 しまさか・きんいち 171
島村礼子 しまむら・れいこ 102
清水あつ子 しみず・あつこ 111
清水周裕 しみず・しゅうゆう 63, 81
清水時夫 しみず・ときお 86, 89
清水富美代 しみず・ふみよ 184
清水雅子 しみず・まさこ 142
清水護 しみず・まもる 53, 58, 97, 107, 118, 134, 143
下笠徳次 しもがさ・とくじ 101, 139
下瀬三千郎 しもせ・みちろう 54, 137
下ノ本桂子 しものもと・けいこ 70
下宮忠雄 しもみや・ただお 31
下村清 しもむら・きよし 73
寿岳文章 じゅがく・ぶんしょう 77
宿谷良夫 しゅくや・よしお 190
シュピツァー Spitzer, L. 135
シュール Schur, N. S. 171
東海林宏司 しょうじ・ひろし 115
白井俊隆 しらい・としたか 156
白谷敦彦 しらたに・あつひこ 176
白谷伝彦 しらたに・のぶひこ 150, 169
秦宏一 じん・こういち 39, 85
新長馨 しんちょう・かおる 99
新富英雄 しんとみ・ひでお 104, 122
神保格 じんぼう・かく 16, 42, 50, 73
新村出 しんむら・いずる 12

水光雅則 すいこう・まさのり 78
末松信子 すえまつ・のぶこ 93, 185
須貝清一 すがい・せいいち 38, 55, 97, 113
須賀一好 すが・かずよし 175
須賀川誠三 すかがわ・せいぞう 88, 98
菅沼惇 すがぬま・あつし 61, 86
菅原俊也 すがはら・しゅんや 86
須賀廣 すが・ひろし 187
杉浦茂夫 すぎうら・しげお 45
杉本豊久 すぎもと・とよひさ 157, 169, 184
杉山隆一 すぎやま・りゅういち 89
助川尚子 すけがわ・ひさこ 184
鈴木榮一 すずき・えいいち 81, 101, 137, 138, 139
鈴木重威 すずき・しげたけ 54, 55, 63, 74, 90, 137, 181, 183, 192
鈴木進 すずき・すすむ 167
鈴木誠一 すずき・せいいち 74
鈴木孝夫 すずき・たかお 177, 183
鈴木富生 すずき・とみお 194
鈴木佑治 すずき・ゆうじ 133
須藤淳 すどう・じゅん 64, 138
角南一郎 すなみ・いちろう 142
須沼吉太郎 すぬま・きちたろう 133, 141
諏訪部仁 すわべ・ひとし 112, 114

関根応之 せきね・まさゆき 188
瀬戸賢一 せと・けんいち 177
瀬良晴子 せら・はるこ 142

添田裕 そえだ・ゆたか 51, 74, 78, 136, 193
染田利信 そめだ・としのぶ 77, 78
空西哲郎 そらにし・てつろう 94, 146, 148, 174
鷹家秀史 たかいえ・ひでし 187
高久恭子 たかく・やすこ 157, 176, 184
高瀬省三 たかせ・せいぞう 122, 189
高瀬はま子 たかせ・はまこ 176
高田諭 たかだ・さとし 182
高田力 たかだ・つとむ 195
高梨健吉 たかなし・けんきち 8, 14, 47
高羽四郎 たかは・しろう 119
高橋潔 たかはし・きよし 143, 157, 161
高橋源次 たかはし・げんじ 110
高橋作太郎 たかはし・さくたろう 67, 74, 161
高橋正 たかはし・ただし 167, 168
高橋久 たかはし・ひさし 46, 138, 157
高橋博 たかはし・ひろし 85, 86
高橋みな子 たかはし・みなこ 182, 184
高橋弥生 たかはし・やよい 156
高原脩 たかはら・おさむ 133
高部義信 たかべ・よしのぶ 121
高増名代 たかます・なよ 184
高見健一 たかみ・けんいち 178
高水孝枝 たかみず・たかえ 177
高路善章 たかみち・よしあき 183
高宮利行 たかみや・としゆき 21, 46, 47, 101, 190
田桐大澄 たぎり・ひさずみ 142, 146, 147
田口まゆみ たぐち・まゆみ 191
武内信一 たけうち・しんいち 86, 100
竹内正夫 たけうち・まさお 142
竹内豊 たけうち・ゆたか 108
竹沢幸一 たけざわ・こういち 178
武居正太郎 たけすえ・まさたろう 51, 64, 184, 193
武田勝昭 たけだ・かつあき 122
武田修一 たけだ・しゅういち 131
竹中治郎 たけなか・じろう 160, 162, 164, 170
竹林滋 たけばやし・しげる 27, 76, 77, 78, 110, 115, 161, 162, 166, 172, 176
竹蓋幸生 たけふた・ゆきお 78, 103, 186
竹前文夫 たけまえ・ふみお 126
竹村覚 たけむら・さとる 8
武本省三 たけもと・しょうぞう 166
田崎清忠 たざき・きよただ 121
田島松二 たじま・まつじ 30, 31, 33, 47, 87, 89, 138, 149, 151, 152, 186, 189
田尻雅士 たじり・まさじ 33, 139
多田幸蔵 ただ・こうぞう 119, 120
立間実 たつま・みのる 140
辰宮栄 たつみや・さかえ 142
田中茂範 たなか・しげのり 131, 178
田中俊也 たなか・としや 129

索引

田中逸郎 たなか・としろう 93, 157
田中春美 たなか・はるみ 174
田中秀央 たなか・ひでなか 103
田中廣明 たなか・ひろあき 133, 149, 184
田中美輝夫 たなか・みきお 69, 104
田中実 たなか・みのる 143
田中芳晴 たなか・よしはる 192
田辺春美 たなべ・はるみ 98, 102
田辺宗一 たなべ・むねかず 167
谷口次郎 たにぐち・じろう 156, 157
谷口雅基 たにぐち・まさき 78
田畑智司 たばた・ともじ 143
田吹長彦 たぶき・たけひこ 194
玉井東助 たまい・とうすけ 125
田守育啓 たもり・いくひろ 178

近見昌三 ちかみ・しょうぞう 157
千葉修司 ちば・しゅうじ 176
千葉勉 ちば・つとむ 16, 73, 78
地村彰之 ぢむら・あきゆき 101, 138, 155, 184, 192
中世英国ロマンス研究会 ちゅうせいえいこくろまんすけんきゅうかい 193

辻正次郎 つじ・しょうじろう 142
辻前秀雄 つじまえ・ひでお 69
辻谷忠士 つじや・ただし 143
津田葵 つだ・あおい 182
土屋順子 つちや・じゅんこ 142
土屋唯之 つちや・ただゆき 81, 125, 194
土家裕樹 つちや・ひろき 133

都築正喜 つづき・まさき 78
坪内逍遥 つぼうち・しょうよう 8
坪内雄蔵 つぼうち・ゆうぞう 117
坪本篤朗 つぼもと・あつろう 178
津谷武徳 つや・たけのり 114
鶴見正平 つるみ・しょうへい 96

ディラード Dillard, J. L. 161
出来成訓 でき・しげくに 8, 14, 47
出本文信 でもと・ふみのぶ 70, 88, 138
寺澤盾 てらさわ・じゅん 85, 99, 138, 184
寺澤芳雄 てらさわ・よしお 27, 31, 53, 66, 89, 93, 97, 99, 118, 119, 139, 194
寺島廸子 てらじま・みちこ 75

土居光知 どい・こうち 16, 69, 96, 134, 195, 199
ドイチュバイン Deutschbein, M. 135
唐須教光 とうす・のりみつ 31
遠山菊夫 とおやま・きくお 86
徳永順吉 とくなが・じゅんきち 70, 167
徳山洋一 とくやま・よういち 168, 169
床並繁 とこなみ・しげる 129, 133
土肥一夫 どひ・かずお 111, 115
飛田茂雄 とびた・しげお 123
富田英一 とみた・えいいち 171
富田義介 とみた・ぎすけ 170
富田禮子 とみた・れいこ 133
富谷基太郎 とみや・もとたろう 146

友部隆教 ともべ・たかのり 78
外山滋比古 とやま・しげひこ 70, 118
外山敏雄 とやま・としお 149
豊田昌倫 とよた・まさのり 138, 140, 141, 171
豊田實 とよだ・みのる 8, 11, 12, 14, 16, 23, 46, 73, 160, 172, 175, 199
豊永彰 とよなが・あきら 166, 167
トルンカ Trnka, B. 21

長井氏晟 ながい・うじあきら 11, 15, 36
長井善見 ながい・よしみ 161, 165, 168, 169
中内正利 なかうち・まさとし 91, 146
中右実 なかう・みのる 26, 132, 177, 178
中岡典子 なかおか・のりこ 176
中岡洋 なかおか・ひろし 125
中尾清秋 なかお・きよあき 185
中尾啓介 なかお・けいすけ 110, 111
中尾俊夫 なかお・としお 27, 54, 55, 73, 75, 80, 89, 138
中尾祐治 なかお・ゆうじ 64, 65, 81, 89, 102, 139, 192
中尾佳行 なかお・よしゆき 100, 124, 129, 192
中川清 なかがわ・きよし 140
中川憲 なかがわ・けん 143
中川ゆきこ なかがわ・ゆきこ 140
中川良一 なかがわ・りょういち 136

中郷安浩 なかごう・やすひろ 157
長澤英一郎 ながさわ・えいいちろう 96
長沢由次郎 ながさわ・よしじろう 64
中島邦男 なかしま・くにお 51, 63, 80, 87, 89
永嶋大典 ながしま・だいすけ 28, 39, 84, 111, 114, 115, 116
中島文雄 なかじま・ふみお 18, 20, 22, 23, 25, 26, 37, 44, 50, 53, 55, 57, 59, 107, 119, 128, 139, 147, 181, 196, 199
中島平三 なかじま・へいぞう 57
長瀬浩平 ながせ・こうへい 195
長瀬慶来 ながせ・よしき 78
中田修 なかだ・おさむ 125
中谷喜一郎 なかたに・きいちろう 143
中野一雄 なかの・かずお 78
中野弘三 なかの・ひろぞう 131
中野道雄 なかの・みちお 175, 177
永野芳郎 ながの・よしお 86, 88
中林瑞松 なかばやし・ずいしょう 108
中林正身 なかばやし・まさみ 108
中村一雄 なかむら・かずお 195
中村敬 なかむら・けい 182
中村幸一 なかむら・こういち 88
中村純作 なかむら・じゅんさく 186, 187
中村不二夫 なかむら・ふじお 93
中村匡克 なかむら・まさかつ 108
中村捷 なかむら・まさる 57
中村保男 なかむら・やすお 123

中村芳久 なかむら・よしひさ 133
中本恭平 なかもと・きょうへい 111, 115
中山竹二郎 なかやま・たけじろう 55, 62, 90, 97, 101, 135
夏目漱石 なつめ・そうせき 8
成沢義雄 なりさわ・よしお 81
成瀬武幾 なるせ・たけし 194
成瀬正幾 なるせ・まさいく 191
南日恒太郎 なんにち・つねたろう 117, 146
南波辰郎 なんば・たつお 140
難波利夫 なんば・としお 157

新島通弘 にいじま・みちひろ 120
西垣内泰介 にしがうち・たいすけ 178
西川正身 にしかわ・まさみ 118
西崎愛子 にざき・あいこ 40
西出公之 にしで・きみゆき 138, 193
西成田道夫 にしなりた・みちお 138
西原忠毅 にしはら・ただよし 76, 78, 195
西光義弘 にしみつ・よしひろ 26, 178
西村稠 にしむら・しげし 157
西村富皓 にしむら・とみてる 194
西村秀夫 にしむら・ひでお 194
西村道信 にしむら・みちのぶ 143
西村義樹 にしむら・よしき 178
西脇順三郎 にしわき・じゅんざぶろう 20, 54, 135
新渡戸稲造 にとべ・いなぞう 117
丹羽義信 にわ・よしのぶ 84, 86, 99, 100, 163

野入逸彦 のいり・いつひこ 56
野口俊一 のぐち・しゅんいち 139, 192
野口フサエ のぐち・ふさえ 183
野原康弘 のはら・やすひろ 184
野呂俊文 のろ・としふみ 143

バイイ Bally, Ch. 135
パイルズ Pyles, T. 161
萩原文彦 はぎわら・ふみひこ 182
バケ Bacquet, P. 98
羽柴正市 はしば・まさいち 115
橋本功 はしもと・いさお 61, 93
長谷川潔 はせがわ・きよし 175
長谷川欣佑 はせがわ・きんすけ 26, 94
長谷川松治 はせがわ・まつじ 156
長谷川ミサ子 はせがわ・みさこ 112, 184
畑中孝實 はたなか・たかみ 182
畑光夫 はた・みつお 104
八村伸一 はちむら・しんいち 149, 175
服部四郎 はっとり・しろう 102, 176
羽鳥博愛 はとり・ひろよし 120
花崎栄一 はなざき・えいいち 157
花本金吾 はなもと・きんご 142
浜島敏 はまじま・びん 194
早川勇 はやかわ・いさむ 114
速川浩 はやかわ・ひろし 142
林栄一 はやし・えいいち 78, 133
林哲郎 はやし・てつろう 28, 45, 48, 51, 69, 78, 113, 116

林洋和　はやし・ひろかず　190
原口庄輔　はらぐち・しょうすけ　31, 57
原沢正喜　はらさわ・まさよし　58, 146, 148
原田茂夫　はらだ・しげお　46
原田朝吉　はらだ・ともよし　133
原田良雄　はらだ・よしお　137
坂東省　ばんどう・せい　165
伴浩美　ばん・ひろみ　183

東田千秋　ひがしだ・ちあき　135, 136, 142
東信行　ひがし・のぶゆき　109, 111, 161
東村久男　ひがしむら・ひさお　67, 156, 157
東森勲　ひがしもり・いさお　133
東森めぐみ　ひがしもり・めぐみ　70
樋口時弘　ひぐち・ときひろ　176
樋口昌幸　ひぐち・まさゆき　59, 62, 87, 88, 101
樋口万里子　ひぐち・まりこ　133
日比谷潤子　ひびや・じゅんこ　185
平井秀和　ひらい・ひでかず　112
平岩紀夫　ひらいわ・のりお　140
平岡照昭　ひらおか・てるあき　101
平子義雄　ひらこ・よしお　194
平野町幸　ひらの・まちこ　182
平野ムメヨ　ひらの・むめよ　78
平林幹夫　ひらばやし・みきお　46
廣岡英雄　ひろおか・ひでお　28, 156, 157
広瀬浩三　ひろせ・こうぞう　133

広瀬貞見　ひろせ・さだみ　171
廣瀬幸生　ひろせ・ゆきお　178
廣田典夫　ひろた・のりお　142
広永周三郎　ひろなが・しゅうざぶろう　123

浮網佳代子　ふあみ・かよこ　185
フォスラー　Vossler, K.　135
フォルグ　Forgue, G. J.　162
深井宏一　ふかい・ひろいち　143, 162
福井慶一郎　ふくい・けいいちろう　67, 149
福島治　ふくしま・おさむ　119
福田勗　ふくだ・つとむ　143
福地肇　ふくち・はじめ　132
福村虎治郎　ふくむら・とらじろう　58, 83, 146, 176
藤井健三　ふじい・けんぞう　121, 162, 164, 166, 172
藤井光太郎　ふじい・こうたろう　162
藤木白鳳　ふじき・はくほう　66, 185
藤田孝　ふじた・たかし　122, 125
藤野正克　ふじの・まさかつ　195
富士裕　ふじ・ひろし　182
藤本和子　ふじもと・かずこ　151, 187
藤本正文　ふじもと・まさふみ　112
藤森一明　ふじもり・かずあき　157
藤谷多磨雄　ふじや・たまお　74
藤原喜多二　ふじわら・きたじ　161, 183
藤原博　ふじわら・ひろし　46, 84, 86, 88, 92

藤原保明 ふじわら・やすあき 74
舟橋雄 ふなはし・たけし 134
富原芳彰 ふはら・よしあき 195
冬木ひろみ ふゆき・ひろみ 108
ブランショ Blanchot, J.-J. 98
フランツ Franz, W. 65, 92
フリース Fries, U. 63
ブルシェ Bourchier, G. 69
古庄信 ふるしょう・まこと 92
ブレンターノ Brentano, F. 20, 128
フンケ Funke, O. 128

ベーグホルム Bøgholm, N. 21
平郡秀信 へぐり・ひでのぶ 75, 78
ペリー Perry, M. C. 7

法邑清三 ほうむら・せいぞう 90
保谷一三 ほうや・かつぞう 101
細江逸記 ほそえ・いつき 17, 61, 64, 83, 90, 91, 110, 154, 157
堀内克明 ほりうち・かつあき 122, 161, 163, 185
堀英四郎 ほり・えいしろう 97
本庄朗子 ほんじょう・あきこ 184
本多學児 ほんだ・がくじ 96
本間弥生 ほんま・やよい 176

前島儀一郎 まえじま・ぎいちろう 64, 83, 97, 135, 163
前島清子 まえじま・きよこ 169
前野繁 まえの・しげる 126
巻下吉夫 まきした・よしお 177
牧野成一 まきの・せいいち 174
牧野勤 まきの・つとむ 76

牧野輝良 まきの・てるよし 86
マクディヴィド McDavid, R. I., Jr. 165
マークワート Marckwardt, A. H. 161
間島定雄 まじま・さだお 80
桝井迪夫 ますい・みちお 14, 27, 46, 47, 51, 62, 87, 88, 115, 124, 136, 138, 184
益田出 ますだ・いずる 142
増田藤之助 ますだ・とうのすけ 96
増田貢 ますだ・みつぐ 146
枡矢好弘 ますや・よしひろ 27, 31, 76, 77, 78
町田俊昭 まちだ・としあき 115
町田尚子 まちだ・なおこ 89
松浦正義 まつうら・まさよし 143
松岡利次 まつおか・としつぐ 46
松尾雅嗣 まつお・まさつぐ 192
マッケロー McKerrow, R. B. 15, 72
松下知紀 まつした・とものり 74, 75, 125, 127
松島健 まつしま・たけし 142
松田修明 まつだ・すけあき 151
松田隆美 まつだ・たかみ 21
松田徳一郎 まつだ・とくいちろう 123
松田裕 まつだ・ゆたか 81, 163, 171
松浪有 まつなみ・たもつ 21, 24, 26, 27, 39, 51, 52, 53, 62, 85, 86, 100, 136, 137, 192
松野道男 まつの・みちお 162
松原良治 まつばら・りょうじ 89

松村瑞子 まつむら・よしこ 133, 175
松村好浩 まつむら・よしひろ 185, 188
松元浩一 まつもと・こういち 93
松本淳 まつもと・じゅん 161
松本憲尚 まつもと・のりひさ 189
松本博之 まつもと・ひろゆき 101, 139
松本政治 まつもと・まさじ 142
松本明子 まつもと・めいこ 98
松本曜 まつもと・よう 178
松本理一郎 まつもと・りいちろう 104
真鍋和瑞 まなべ・かずみ 80, 84, 88, 136
真鍋義雄 まなべ・よしお 38, 55
マルクヴァルト Marquardt, H. 137
丸田忠雄 まるた・ただお 132, 175
マルティ Marty, A. 20, 128
丸茂健蔵 まるも・けんぞう 167
丸山孝男 まるやま・たかお 176
マレー Murray, K. M. E. 114

三浦順治 みうら・じゅんじ 39
三浦新市 みうら・しんいち 133, 146
三浦常司 みうら・つねし 88, 89, 139
三浦敏明 みうら・としあき 140, 149
三上敏夫 みかみ・としお 86, 100
三川基好 みかわ・きよし 114
三澤政純 みさわ・まさずみ 171

水谷洋一 みずたに・よういち 89
水鳥喜喬 みずとり・よしたか 55, 64, 89, 125, 126, 187
水之江有一 みずのえ・ゆういち 171
水野憲 みずの・けん 171
水野政勝 みずの・まさかつ 92
御園和夫 みその・かずお 78
溝端清一 みぞばた・きよかず 124
道行助弘 みちゆき・すけひろ 193
三井高敬 みつい・たかゆき 70, 78, 104
光永司雄 みつなが・つかお 171
光元美佐子 みつもと・みさこ 151
三戸雄一 みと・ゆういち 122, 174
南石福二郎 みないし・ふくじろう 55, 90
皆川三郎 みなかわ・さぶろう 66, 126, 140, 142, 190, 195
南出康世 みなみで・こうせい 33
嶺卓二 みね・たくじ 104
三原健一 みはら・けんいち 178
三宅川正 みやがわ・ただす 142
三宅鴻 みやけ・こう 51, 88, 157
宮崎茂子 みやざき・しげこ 188
宮崎忠克 みやざき・ただかつ 86, 100, 137
宮下啓三 みやした・けいぞう 66
宮下眞二 みやした・しんじ 46
宮田幸一 みやた・こういち 46, 148
宮田武志 みやた・たけし 64, 86
宮田斉 みやた・ひとし 160
宮畑一郎 みやはた・いちろう 46
宮原文夫 みやはら・ふみお 94, 176

宮部菊男 みやべ・きくお 27, 50, 55, 59, 67, 85, 86, 89, 92, 157, 190, 192
宮前一廣 みやまえ・かずひろ 175
深山祐 みやま・たすく 93
三輪伸春 みわ・のぶはる 98

村上晉 むらかみ・すすむ 143
村上増美 むらかみ・ますみ 89
村上隆太 むらかみ・りゅうた 157, 185
村杉恵子 むらすぎ・けいこ 176
村田勇三郎 むらた・ゆうざぶろう 56, 94, 131
村中亮子 むらなか・りょうこ 183

メイナード泉子 めいなーど・せんこ 178

毛利秀高 もうり・ひでたか 80, 86
毛利可信 もうり・よしのぶ 28, 46, 58, 94, 130, 146, 175
最上雄文 もがみ・たけぶみ 75, 76, 100, 101, 156
モス Moss, N. 171
本吉侃 もとよし・ただし 114, 163
モートン Morton, H. C. 115
森島一雄 もりしま・かずお 78
森田隆光 もりた・たかみつ 167
盛田義彦 もりた・よしひこ 93
森戸由久 もりと・よしひさ 176, 188
森正俊 もり・まさとし 93
森基雄 もり・もとお 74

森本勉 もりもと・つとむ 121, 188
森本英夫 もりもと・ひでお 97
守屋靖代 もりや・やすよ 136, 138, 139

八木克正 やぎ・かつまさ 149, 150
八木毅 やぎ・つよし 97
八木又三 やぎ・またぞう 16, 49, 83
安井稔 やすい・みのる 14, 24, 25, 26, 28, 45, 47, 52, 53, 58, 59, 69, 76, 78, 83, 94, 112, 131, 196
安田淳 やすだ・じゅん 139
安原基輔 やすはら・もとすけ 61, 68
谷田貝常夫 やたがい・つねお 123
矢田裕士 やだ・ひろし 137
柳さよ やなぎ・さよ 88
柳田恭子 やなぎだ・きょうこ 183
柳原伊織 やなぎはら・いおり 88
矢部義之 やべ・よしゆき 175
山縣宏光 やまがた・ひろみつ 100
山川喜久男 やまかわ・きくお 27, 83, 84, 93, 146
山岸勝榮 やまぎし・かつえい 58, 112, 171, 163, 182
山岸直勇 やまぎし・なおとし 112
山口秀夫 やまぐち・ひでお 28, 30, 32, 64, 65, 91, 129, 136, 141, 193
山崎努 やまざき・つとむ 94
山崎真稔 やまざき・まさとし 188
山沢かよ子 やまさわ・かよこ 177
山下浩 やました・ひろし 125

山田隆敏 やまだ・たかとし 155
山田知良 やまだ・ちよし 126
山田伸明 やまだ・のぶあき 177
山田仁子 やまだ・ひとこ 133
山田政美 やまだ・まさよし 123, 148, 162
山田良治 やまだ・りょうじ 142, 176
大和資雄 やまと・やすお 157
山中桂一 やまなか・けいいち 143
山梨正明 やまなし・まさあき 57
山根一文 やまね・かずふみ 122
山根周 やまね・しゅう 62, 88
山内一芳 やまのうち・かずよし 100, 137
山内不二吉 やまのうち・ふじきち 146
山元卯一郎 やまもと・ういちろう 46
山本淳二 やまもと・じゅんじ 80
山本忠雄 やまもと・ただお 14, 18, 23, 42, 47, 59, 64, 90, 91, 104, 126, 129, 134, 135, 199
山本勉 やまもと・つとむ 138
山本文明 やまもと・ふみあき 111
山本文之助 やまもと・ぶんのすけ 156
山元正憲 やまもと・まさのり 193

由本陽子 ゆもと・ようこ 178

横井雄峯 よこい・ゆうほう 92, 183
横尾信男 よこお・のぶお 133
横山昭永 よこやま・あきなが 112
横山茂樹 よこやま・しげき 191
吉岡健一 よしおか・けんいち 143

吉川千鶴子 よしかわ・ちづこ 175
吉川寛 よしかわ・ひろし 175
吉川道夫 よしかわ・みちお 126
吉川美夫 よしかわ・よしお 91, 94, 146
吉田一彦 よしだ・かずひこ 150
吉田孝夫 よしだ・たかお 140, 142, 149, 183
吉田弘重 よしだ・ひろしげ 67, 126, 142, 167, 169
吉田安雄 よしだ・やすお 140, 142
吉野利弘 よしの・よしひろ 86, 136
吉松勉 よしまつ・つとむ 39
吉見昭徳 よしみ・あきのり 69
吉村耕治 よしむら・こうじ 101
吉村秀幸 よしむら・ひでゆき 184
吉村由佳 よしむら・ゆか 151, 187
米倉綽 よねくら・ひろし 55, 63, 69, 87, 89, 101, 124, 194
米田泰子 よねだ・やすこ 183
四方田敏 よもた・さとし 140

ライズィ Leisi, E. 56
ラムソン Ramson, W. S. 188

リーチ Leech, G. 132

レイコフ Lakoff, G. 132

和井田紀子 わいだ・としこ 133
若田部博哉 わかたべ・ひろや 94, 146, 161, 172
若月剛 わかつき・つよし 157

和気律次郎 わけ・りつじろう 181
鷲尾龍一 わしお・りゅういち 178
和田章 わだ・あきら 92,104,142
和田垣謙三 わだがき・けんぞう 117
和田弘名 わだ・こうめい 143
和田四郎 わだ・しろう 94,176
渡辺和幸 わたなべ・かずゆき 76,77,78,143,171
渡辺勝馬 わたなべ・かつま 137
渡部昇一 わたなべ・しょういち 28,44,45,48,99
渡辺愼一郎 わたなべ・しんいちろう 122
渡辺登士 わたなべ・とうし 146,148
渡邊半次郎 わたなべ・はんじろう 16,110
渡辺秀樹 わたなべ・ひでき 100,112,136,187
渡邊末耶子 わたなべ・まやこ 111,162
和田弁 わだ・べん 131
和田葉子 わだ・ようこ 88,101,126,139,191
亘甫 わたり・はじめ 93

欧文索引

Abbott, E. A. 65,67
Aiken, J. R. 38
Alford, H. 43
Avis, W. S. 164

Barber, C. 40
Baugh, A. C. 39
Benson, L. D. 125,127
Benson, M. 118
Biber, D. 96
Blake, N. 40
Bloomfield, L. 48
Bosworth, J. 36
Bradley, H. 36,38
Brinton, L. J. 98
Brook, G. L. 39
Brunner, K. 39
Bullokar, W. 44
Burchfield, R. W. 39,152

Burnley, D. 31

Cable, T. 39
Chambers, R. 36
Chase, S. 133
Crépin, A. 40
Curme, G. O. 19,44,48

Deutschbein, M. 19
Dillard, J. L. 168
Dunkling, L. A. 108

Elliott, R. W. V. 69
Ellis, A. J. 153,158
Emerson, O. F. 36

Francis, W. N. 165
Franz, W. 65,67
Fries, C. C. 48

Görlach, M. 35, 48
Grainger, J. M. 90

Hart, J. 43
Hartmann, R. R. K. 110
Hayakawa, S. I. 133
Hussey, S. 40

James, G. 110
Jespersen, O. 10, 12, 19, 38, 44, 48, 95
Johnson, Dr. 114
Jones, Daniel 19, 72, 73
Jonson, B. 43

Kennedy, A. G. 29, 35, 42, 180
Kinloch, A. M. 164
Knowles, G. 39
Koerner, E. F. K. 33, 47
Korzybski, A. 133
Koziol, H. 39
Krapp, G. P. 36
Kruisinga, E. 19, 48
Kytö, M. 172

Labov, W. 181
Lawrence, John 11, 21
Lawson, E. D. 106
Lougheed, W. C. 164
Lounsbury, T. R. 36
Low, W. H. 36
Lowth, R. 48

Mather, J. Y. 158
McDavid, R. I., Jr. 166
McIntosh, A. 158

Mencken, H. L. 170
Mills, A. D. 108
Milroy, J. 181
Mitchell, B. 95
Moon, G. W. 43
Mossé, F. 39, 85
Mustanoja, T. F. 95

Nielsen, H. F. 41
Nuessel, F. 109

Ogden, C. K. 129
Onions, C. T. 19
Orton, H. 158

Palsgrave, J. 113
Potter, S. 39
Poutsma, H. 19, 48
Priestley, J. 48

Richards, I. A. 129
Rissanen, M. 172
Roberts, R. J. 106
Ross, A. S. C. 153
Rynell, A. 105

Sapir, E. 48
Saris, J. 190
Scheurweghs, G. 32
Schmidt, W. A. C. 125
Smith, E. C. 106
Smith, J. 41
Smith, L. P. 39
Smith, T. 43
Speitel, H.-H. 158
Stoffel, C. 9

Storm, J. 10
Sweet, H. 19, 44, 48

Tilley, M. P. 189
Trench, R. C. 36
Trudgill, P. 181

Visser, F. Th. 95

Wales, K. 141
Walker, J. 113

Wallis, J. 44
Webster, N. 46
Weekly, E. 38, 107
Whiting, B. J. 188
Whitman, J. 178
Wilson, Dover 192
Wright, J. C. 36
Wright, Joseph 153, 158
Wyld, H. C. 36

Zandvoort 44

著者について

田 島 松 二（たじま　まつじ）

　1942年鹿児島県鹿屋市生まれ。九州大学文学部英文科卒業, 同大学院修士課程修了。その後, カナダのサイモン・フレーザー大学大学院(1969-70)及びオタワ大学大学院(1977-79)に学び, 英文学の修士号(M. A.)及び博士号(Ph. D.)を取得。米国ノース・カロライナ大学チャペルヒル校客員研究員(1989-90)。福岡女子大学, 北海道大学, 九州大学勤務を経て, 現在, 九州大学名誉教授。

主要編著書

The Syntactic Development of the Gerund in Middle English（南雲堂, 1985）
Noam Chomsky: A Personal Bibliography 1951-1985（E. F. K. Koerner と共著, Amsterdam & Philadelphia: John Benjamins, 1986）
Old and Middle English Language Studies: A Classified Bibliography 1923-1985（Amsterdam & Philadephia: John Benjamins. 1988）
The Language of Middle English Literature（David Burnley と共著, Cambridge: D. S. Brewer, 1994）
『コンピューター・コーパス利用による現代英米語法研究』（編著, 開文社出版, 1995）
『わが国における英語学研究文献書誌 1900-1996』（編著, 南雲堂, 1998）
『ことばの楽しみ―東西の文化を越えて』（編著, 南雲堂, 2006）
『英語史研究ノート』（共編, 開文社出版, 2008）

わが国の英語学100年――回顧と展望

2001年5月30日　1刷発行	定価（本体2500円＋税）
2011年1月25日　2刷発行	

著　者　　田　島　松　二
発行者　　南　雲　一　範
装幀者　　岡孝治［戸田事務所］
印刷所　　壮　光　舎

発行所　　株式会社　南雲堂
東京都新宿区山吹町361番地／郵便番号162-0801
振替口座・東京　　00160-0-46863番
電　話 ｛（営業部）東京　　(03) 3268-2384
　　　　（編集部）東京　　(03) 3268-2387
ファクシミリ・東京　　(03) 3260-5425

〈検印省略〉　　Printed in Japan　　〈D-41〉
ISBN978-4-523-31041-9　C0082

収録文献 11,276 点に及ぶ
本邦初の本格的・網羅的な書誌の誕生！

わが国における
英語学研究文献書誌
1900-1996

責任編集　田島　松二（九州大学）

A5判上製函入　1216ページ　定価（本体 35,000 円＋税）

　本格的な英語学研究がわが国に紹介されてほぼ一世紀が経過し、研究状況も確実に変わってきており、もはや欧米の研究の紹介、模倣、追随のみで事足りる時代ではなくなってきている。

　本書は、わが国で本格的な英語学の研究が始まったと考えられている明治時代末期、1900年頃から1996年12月末日（一部については1997年10月）までの約100年間にわが国の研究者によって刊行された著訳書、論文、研究ノート等のうち、実物を確認できた1万1千余の文献を、分野別、著訳者（編著）別に分類し、それぞれに詳細な書誌的情報を、場合によってはさらに簡単な解題を付して、収録した文献書誌である。

（主目次）

序論：わが国の英語学研究 100 年（田島松二）
Ⅰ. 書誌　Ⅱ. 英語史　Ⅲ. 英語学史　Ⅳ. 英語学総説・一般　Ⅴ. 個別作家・作品の言語　Ⅵ. 文字・綴字・句読法　Ⅶ. 音声学・音韻論　Ⅷ. 形態論　Ⅸ. 統語論　Ⅹ. 語彙・語形成論　Ⅺ. 人名・地名研究　Ⅻ. 辞書学・辞書編纂論　ⅩⅢ. 特殊辞典・コンコーダンス・グロッサリー　ⅩⅣ. 意味論・語用論　ⅩⅤ. 文体論・韻律論・修辞学　ⅩⅥ. 語法研究　ⅩⅦ. 方言学（イギリス英語）　ⅩⅧ. アメリカ・カナダ英語　ⅩⅨ. 日英語比較　ⅩⅩ. その他　　索引（編著者・訳者名）

チョーサー文学の世界
〈遊戯〉とそのトポグラフィ

河崎征俊 著　46判上製　本体 5825 円

中世イギリス文学を代表する詩人が作品の中で展開する〈遊戯〉と〈トポス〉,〈権威〉と〈経験〉, および夢やレトリックの伝統を通して詩人の想像力の内面に迫る。

フィロロジーの愉しみ

小野　茂 著　46判上製　本体 3900 円

テクストを読むことからいかに興味ある問題が浮かび上ってくるか, 論文とエッセイでフィロロジーの意義やたのしさを語る。

中世紀における英国ロマンス

小林淳男 著　A5判上製　本体 2553 円

制度, 風習を含めて今日の西洋文化は直接には中世に源を発し基礎づけられており, その文学は多彩にして興味津々たるものがある。本書には著者の博士論文の骨子である論文（英文）と「中世ロマンスとアーサー王伝説」「古代英語期の歴史と詩」「英国中世抒情詩」を収める。

―――英文版―――
初期英語の統語法と語彙研究
On Early English Syntax and Vocabulary

1部で法助動詞と不定詞の発達を扱い，文体・異文の問題に言及，2部で古英語の認識動詞の方言的・時代的差異を考察，3部では最近の古英語語彙研究を概観する。

―― 小野　茂著　A5判　上製　本体 9515 円 ――

英語史の諸問題		小野　茂著	四六判 上製 本体 4078 円
英語史入門	H. コツィオル　小野　茂訳		A5判 上製 本体 2136 円
英語史研究の方法	寺澤芳雄・大泉昭夫編		四六判 上製 本体 4078 円
中世英語期における動名詞の統語的発達（英文版）		田島松二著	A5判 上製 本体 4854 円
英語語彙の歴史と構造	M. シェーラー　大泉昭夫訳		A5判 上製 本体 4369 円
英語学論究		中島邦男著	四六判 上製 本体 2252 円
現代言語学の背景　J. T. ウォーターマン	上野直蔵・石黒昭博訳		A5判 上製 本体 2621 円